U0686735

# 《文學論文索引》全編

上册

劉修業等 編

國家圖書館出版社

圖書在版編目(CIP)數據

《文學論文索引》全編 / 劉修業等編. —影印本. —北京:國家圖書館出版社, 2010.12
(民國文獻資料叢編)
ISBN 978 - 7 - 5013 - 3871 - 9

Ⅰ.①文… Ⅱ.①劉… Ⅲ.①文學—論文—中國—民國—索引 Ⅳ.①Z89:I

中國版本圖書館 CIP 數據核字(2010)第 218042 號

責任編輯: 殷夢霞 鄧詠秋

書名 《文學論文索引》全編(全三冊)

著者 劉修業等 編

出版 國家圖書館出版社(原北京圖書館出版社)

(100034 北京市西城區文津街 7 號)

發行 010 - 66139745 66175620 66126153

66174391(傳真) 66126156(門市部)

E - mail btsfxb@ nlc. gov. cn(郵購)

Website www. nlcpress. com→投稿中心

經銷 新華書店

印刷 河北三河弘翰印務有限公司

開本 787×1092 毫米 1/16

印張 88

版次 2010 年 12 月第 1 版 2010 年 12 月第 1 次印刷

書號 ISBN 978 - 7 - 5013 - 3871 - 9

定價 1500.00 圓

# 『民國文獻資料叢編』編纂出版委員會

# 目録

上册



中册



下册

# 總序

詹福瑞

民國時期，中國處在從近代社會向現代社會轉型蜕變的一個重要階段。這個時期，政治風雲變幻，思想文化激蕩，内憂外患叠起。國家政治、經濟、文化等均發生了翻天覆地的巨大變化。新與舊、中與西、自由與專制、激進與保守、發展與停滯、侵略與反侵略，各種社會潮流在此期間匯聚碰撞，形成了變化萬千的特殊歷史景觀。僅從文化角度考察，一方面傳統文化得到進一步整理繼承和批判揚棄，另一方面西方文化又强烈地衝擊和影響着當時人們的思想與行爲。特别是馬克思主義、列寧主義的翻譯介紹與傳播，不僅深刻地影響着人們的思想意識，而且直接導致了新民主主義革命的爆發以及由此帶來的社會巨變。

當此之時，社會政治雖然動蕩不已，經濟脆弱不堪，思想文化卻大放異彩。知識界思維活躍，視野開闊，著述興盛，流派紛呈。加之出版業和新聞業的飛速發展，使民國的出版發行達到空前的規模。短短的數十年間，積累了包括圖書、期刊、報紙以及檔案、日記、手稿、票據、傳單、海報、圖片及聲像資料等等大量文獻。這些文獻作爲此一時期思想文化的特殊載體和社會巨變的原始記録，不僅數量巨大，可稱海量，藴涵其間的思想文化價值更不在歷來爲人們所珍視的善本古籍之下。

作爲一個剛剛過去的歷史時期，民國距今時間最近，與當前的現實關聯也最爲密切。因此，對民國歷史的研究向來爲各界所重視。經過近六十年的努力，特別是經過一九七八年以後的思想解放運動，中華民國史的研究取得了長足的發展：有關民國史的研究著述和史料大量出版，學術研究隊伍迅速擴大，學術交流活動日漸頻繁。目前，民國史研究已經成爲中國歷史研究諸學科中建立較晚，卻發展較爲迅速、取得成就較爲顯著的學科，並有逐漸成爲國際「顯學」的趨勢。

與學術研究相適應，在既往的半個多世紀特別是改革開放以來，民國文獻資料的搜集、整理與出版工作，也有很大的推進，取得了一定的成績。如利用南京第二歷史檔案館藏民國各級政府檔案整理出版的《中華民國史檔案資料彙編》和《中華民國史檔案資料叢刊》，根據廈門大學圖書館藏「末次研究所情報資料」整理出版的《中華民國史史料外編：前日本末次研究所情報資料》，根據遼寧省檔案館所藏檔案整理出版的《滿鐵密檔》，利用上海圖書館、復旦大學圖書館、華東師範大學圖書館館藏圖書整理出版的《民國叢書》，以及湖北所編辛亥革命史料，天津所編北洋軍閥史料，西南各省所編西南軍閥史料，廣東所編孫中山及南方政府史料，東北所編「九一八」和僞滿史料，上海所編汪僞史料及民族資本企業經濟史料，重慶所編國共關係史料，包括以《國民政府公報》爲代表的民國政府出版物，以《申報》、《大公報》、《益世報》爲代表的民國報紙，以《東方雜誌》、《良友雜誌》爲代表的民國雜誌等等的整理出版，都是這方面工作的重要成果。從上世紀五、六十年代開始，臺灣地區也影印出版了以《革命文獻》、《中華民國重要史料初編》爲代表的大批民國文獻，爲人們瞭解民國社會與歷史，從事學術研究，提供了十分重要的資料。

然而，這些整理和出版工作，與民國史研究日新月異的發展以及社會各界對民國文獻資料巨大的使用需求相比，還存在着很大的反差。甚至可以說，目前民國文獻的傳藏與利用正面臨非常嚴峻的危機。相關調查顯示，由於近代造紙、印刷、裝訂等工藝自身缺陷所造成的先天不足以及各收藏機構長期以來普遍存在的觀念滯後、認識不足、經費短缺、保管不善等原因所帶來的後天損害，使得國家圖書館、歷史較爲悠久的公共圖書館以及爲數衆多的高校圖書館、科研機構圖書館、檔案館、海外公私藏書機構收藏的民國文獻，幾乎無一例外地出現了嚴重的老化或損毀現象。以國家圖書館爲例，館藏約六十七萬冊民國時期文獻中，達到中度以上破損的占百分之九十以上，民國初年的文獻更是百分之百地破損。研究表明，民國文獻的保存壽命一般爲五十至二百年。也就是說，時光流轉到今天，相當一部分的民國文獻已處於行將消失的危急狀態！文獻本身面臨湮滅消亡，亟待搶救和保護，當然也就談不上服務社會，服務學術，滿足各界查閱使用的需求。

針對此等危機，自上個世紀八十年代以來，衆多專家學者多次發出呼籲，號召全社會都來關注民國文獻的「生存現狀」，重視民國文獻的搶救保護與開發利用。以國家圖書館爲首的衆多公共圖書館、高校及科研機構圖書館、檔案館，更積極從原生性保護和再生性保護兩個方面，採取了改善保存環境、強化修復手段和加速縮微複製等一系列切實有效的保護搶救措施，並取得了階段性的成果。但與更大範圍的老化和損毀現象相比，與保護經費和專業修復人才嚴重短缺、修復手段相對滯後的尷尬、危急狀況相比，這些保護和搶救措施，還不能從根本上解決民國文獻保護傳藏與開發利用所面臨的諸多困難。

從總體的形勢看，及時搶救保護數量宏富的民國文獻，避免我國悠久的文獻傳承歷史出現令人痛心的斷層，切實保障中華民族文化血脈的延續與光大，已到了刻不容緩的地步，這決非危言聳聽。

作爲國家總書庫、處於文獻保存保護龍頭地位的中國國家圖書館備感形勢的嚴峻與責任的重大，經過反復考察論證，在吸收國內外圖書文獻保存保護先進經驗，並對館藏民國文獻進行全面調查摸底的基礎上，決定在繼續推進既有各項搶救保護措施的同時，率先成立「中國國家圖書館民國文獻資料編纂出版委員會」，依據館藏特色、資料類型、瀕危狀況、珍稀程度和社會需求等，進行分類整理，並以「民國文獻資料叢編」的形式，有計劃、有步驟、成規模地陸續編纂出版。決心持續投入大力，通過這種已爲成功實踐所證明的、切實有效的再生性保護手段，在及時搶救保護文獻的同時，也使之化身千百，爲社會和學界提供更爲便利的文化學術服務。相信這項工作的科學有序開展及這套叢書的陸續編纂出版，必將對文獻的保護、文化的傳承、國家的統一、民族的復興有較大的貢獻。

是爲序。

二〇〇八年一月

# 《文學論文索引》全編出版說明

一、為了便於查閲清末民國時期文學論文，我們將《文學論文索引》《文學論文索引續編》《文學論文索引三編》這三種圖書合刊影印出版。這套索引收錄 1905 年至 1935 年間的文學論文索引，分總論、分論、各國文學家評傳三大類，按類編排，後附多個附錄：文學書目、文學書籍介紹、文學家介紹、文壇消息等。直到目前，這套索引仍是查找上述年份文學論文最重要的索引工具書。

二、《文學論文索引》由張陳卿、陳璧如、李維垿編，中華圖書館協會於 1932 年 1 月出版。該部索引搜羅中國報刊 162 種，由 1905 至 1929 年 12 月止。

三、《文學論文索引續編》由劉修業編，中華圖書館協會於 1933 年 11 月出版。本書收錄中國報刊 193 種，由 1928 年至 1933 年 5 月止。書末附本書所收 1928 年至 1933 年 5 月間期刊一覽。

四、《文學論文索引三編》由劉修業編，中華圖書館協會於1936年1月出版。本書收錄中國報刊220餘種，由1933年5月至1935年12月止。



國家圖書館出版社
二〇一〇年十一月

張陳卿、陳璧如、李維垿　編

# 文學論文索引

中華圖書館協會 1932年1月鉛印本

文學論文索引

蔡元培題

# 文學論文索引

# 序

文學論文索引上中下三編，友人張君新虞等所纂輯。包括雜誌一百六十二種，論文題目四千篇，爲最近文學界極重要之工具書。校印將訖，爰弁數言，以誌其原委。

民國十四年夏，教育部設立編審處，黎劭西先生以國內雜誌出版漸多，欲編索引以綱領之。爾時余肄業於師範大學，初作學問，頗嗜各雜誌上之國學論文；新虞幼承家學，頗涉書史，適欲研治新文學，因不能直接閱西文書報，遂欲從各雜誌上之文學論文入手。余二人者，在同學中交最密，所業雖稍有不同，而志趣則極相合。因劭西先生之指導，遂乘暑假之暇，各就志趣，恣意閱覽。三數月間，採獲雜誌八十餘種，分類排纂。新虞輯成文學論文索引四巨册，而余亦成國學論文索引五巨册，以編審處久已無人負責，故未能早日印行。

民國十七年余服務北平圖書館，乃增訂國學論文索引舊稿，十八年付印，學者便之，以故銷售頗佳。新虞聞而喜之。於時新虞充任北平大學區督學，得因北平圖書館藏書之便，賡補前作，半年之中，所增益頗多。適大學區解散，河北省教育廳成立，新虞出任河北省立第二師範校長，赴保定之前，猶以此書未能早日公之於世爲憾。

新虞行後，余亦以此種工具書，社會上極爲需要，宜早刋布。適陳壁如女士在圖書館索引組任編輯事，頗嗜文學，樂爲續補，一年之中，統前後共搜羅雜誌百六十餘種，於舊目畧有增益，稿本至是粗定。民國二十年，陳女士他就，輯稿交余覆閱；余以不諳新文學，而民國十九年以後續出雜誌，尙應繼爲增入。乃介紹李芝軒女士任之。李女士長於藝術，亦嗜文學，不求報酬，慨然任之，蓋純欲完成新虞之志也。至八月間，因事中輟，然纂輯亦畧備矣。

余乃謀所以刋布之，與徐續武君分任校字之役。溯是編自纂輯以來，時歷七載，作輟者四，由紙條而寫爲書本，由書本而改爲卡片，排比旣訖，又爲清錄，始付手民。書經三寫，誤字自多，雖再四校對，恐仍不免『落葉』之譏。又文學分類，至爲紛難，况此編糅合中西，更非易事。而每經一人，於論文常多移易；有一作輟，於子目輒有增刪。年來新虞仍在河北敎育廳任督學事，公務在身，不克親加修改，如有舛誤，敬祈閱者諒之！民國二十一年一月二十三日王重民序於北平圖書館。

# 凡例

一，本書搜羅中國雜誌報章共二百六十二種，由光緒三十一年起至民國十八年十二月止，於曾參加北平圖書館協會的各圖書館所藏雜誌報章，列入期刊聯合目錄者，概已收入。此外還有三十餘種是各圖書館後所增藏，或向私人借用，未列入該目錄中者。

二，本書內容分上中下三編：上編爲總論，包括文學的通論和通論各國文學兩種論文。前者因內容而分子目，後者以國界分子目。

三，中編爲分論，依作品之體製分爲詩歌，戲曲，小說等項。辭賦雖爲中國所特有，亦文體之一種，立爲一類，與詩歌小說並列。

四，下編爲文學家評傳，以國家分組，排列次序畧依作家之年代；同年代的，以論文之多寡爲序。

五，普通分類，多另立序跋一類，本書依其所序跋的作品之體裁及內容，而分列於總論分論之中。如薛爾曼之現代文學論序入總論，錢玄同之嘗試集序列於分論的詩歌。書後，批評，考證，後記等等，也都按這法子分類。

六，本書分類，以內容爲主，故有同一文題，而所論之對象不同的，則分列之。如孔雀東南飛本是古詩，應列詩類中；但評論孔雀東南飛劇本的，與原詩無關，便入戲劇類。

七，普羅塔利亞文學，是和資產階級文學相對立的。本書因爲此類篇目太少，不得已把通論普羅塔利亞文學的入文藝思潮中，專論普羅塔利亞的詩詞小說的，則分列於分論中。

八，論文有性質較相近，或篇目過少，不便另立類目的，則附於某類之後，或標「其他」二字以括之。

九，本書雖爲文學論文索引，亦畧爲提綱挈領之介紹；如序跋，批評等，則註明所序跋批評的作品之作者或性質。

十，本書所收雜誌報章，多據北平圖書館師大圖書館所收藏的；北平圖書館所沒有的便到北京大學圖書館，燕京大學圖書館，市立第一普通圖書館去補足，讀者參考某雜誌時，如果自己沒有，可到該數圖書館去查。

陳壁如。

# 文學論文索引目錄

## 上編　文學總論

## 九、文學研究法 三九——四四

## 中編 文學分論

附錄一

# 本書所收雜誌卷數號數一覽

## 一畫

**一般月刊** 立達學會編輯，民國十五年一月創刊，開明書店發行。收一卷一至三號，二卷一至三號，又六卷三號。

## 二畫

**人間月刊** 上海人間月刊社編輯，民國十八年一月創刊。收一期二期。

**AC月刊** 北平孔德同學會編輯，民國十八年四月創刊。收一期至三期。

## 三畫

**大同** 上海出版，民國四年創刊。收一卷全，二卷三至九號，又十一至十二號，三卷一號三號五號。

**大中華** 上海中華書局印行，大中華雜誌社編輯，民國四年一月創刊。收一卷二卷全。

**大公報** 天津大公報社編輯，內附有文學戲劇等副刊。收十六年至十八年。

**大衆文藝** 上海大衆文藝社編輯，民國十七年創刊。收六期七期。

**小說林** 上海小說林雜誌社編輯。收一冊至十二冊。

**小說月報** 宣統二年創刊，民國八年以後，鄭振鐸任編輯，商務印書館印刷兼發行。

**小說世界** 上海小說世界社編輯，民國十二年創刊。一卷至十二卷每卷十三期。收一卷至六卷，又九卷至十六卷。

**小說新報** 李定夷編輯，民國四年三月創刊。十年停刊。收一年至二年。

**小說叢報** 包天笑編輯。收四年一至五期，又七至九期。

## 四畫

**文學** 清華大學校刊社編輯，繼續清華文藝者，民國十七年二月創刊。收一期

**文學週報** 上海開明書店文學週刊社編輯，自一七二期脫離時事新報。收一七六期至一八八期，四卷五卷全，六卷一至二十二期，七卷一至二十五期，八卷二至五期又七至十期十三期十九期二十一期二十五期。

**文社月刊** 中華基督教文社編輯，民國十四年十月創刊。收二卷一冊至三卷八冊

**文哲學報** 南京高師文哲研究會編輯，民國十二年創刊，中華書局印行。收一期及三期。

**文藝講坐** 神州國光社出版。收第一冊。

**不忍** 康有為主撰，民國二年創刊，上海廣益書局發行。收一冊至八冊。

**太陽月刊**　上海春野書店編輯，民國十七年創刊。收一月二月六月三冊。

**太平洋雜誌**　太平洋雜誌社編輯，民國六年三月創刊，商務印書館印行。收一卷至三卷全，四卷一至十號。

**孔德月刊**　孔德學校編輯，繼續孔德旬刊，民國十五年創刊。收一期至十二期

**中國學報**　劉師培主撰，民國元年創刊，第一次共九期，洪憲元年再辦，第二次共五期，書內民九出版者標(民元)二字，不標者則洪憲出版者也。

**中華雜誌**　中華雜誌社編輯，民國三年四月創刊。收一至十三期。

**中等教育**　中國中等教育協進社編輯，民國十一年創刊。收二卷一至五號。

**中大季刊**　北平中國大學編輯，民國十五年三月創刊。收一卷至四號。

**中華教育界**　民國元年二月創刊，中華書局發行。收一年一至五期，二年至五年全，六年一至六期，七卷四至六期，九卷一至六期，十卷一至四期，十一卷四期九期，十二卷至十三卷全，十四卷一至二期，又八至十二期，十五卷至十六卷全，十七卷一至六期。

**中國文學季刊**　中國公學大學部編輯，民國十八年六月創刊，中國公學大學部出版。收創刊號。

**少年中國**　少年中國學會編輯，民國十八年創刊，東亞書局印行。收一卷至二卷(缺二卷八號。)三卷一至五號九號，四卷一至十號。

**今日**　北平今日雜誌社編輯，民國十一年二月創刊，收一卷至二卷。

## 五畫

**立達季刊** 上海江灣立達學園編輯。收一期。

**民俗** 中山大學語言歷史學研究所編輯，民十七年三月創刊，收一期至三三期，三七期至五二期，五七期至六八期，七一期至七四期。

**民權素** 劉鐵冷蔣著超等編輯，收一集至十七集全。

**民鐸雜誌** 上海法租界貝勒路民鐸雜誌社編輯，民國九年創刊，商務印書館發行。收一卷至五卷全，六卷一至五號，七卷至九卷全，十卷一至四號。

**民間文藝** 廣州國立中山大學出版部編輯，民國十六年十一日創刊。收一期至十二期。

**民國日報副刊覺悟** 上海民國日報社編輯（文學旬刊，平民週刊，藝術評論，評論之評論，婦女週報均在內。）收十年至十二年。十三年缺七月八月。十四年一月至七月。民國日報特刊收十三年四月。

**古城週刊** 天津古城書社編輯，民國十六年九月創刊。收一期至三期。

**未名半月刊** 北平未名社編輯，民國十七年一月創刊。收一卷一至十二期，二卷一至八期。

**北大月刊** 民國八年一月創刊，以後改爲日刊。收一卷一至九號。

**世界日報** 北平世界日報社編輯。中附有世界日報副刊，及薔薇週刊等。收十五年八月至十二月。十六年至十八年。

**北平益世報** 北平益世報社編輯。收十五年全，十六年一月至五月，十七年六月至十一月，十八年全。

**北新半月刊** 上海北新書局編輯，民國十八年八月創刊，第一卷爲週刊。收一卷四十一至五十二期，(周刊)二卷至三卷全，四卷一至三期六期。

北京大學研究所國學門週刊 民國十四年十月創刊，十五年八月以後改為月刊。收一卷二全，卷十三至二十四號。

北京大學研究所國學月刊 北京大學研究所國學門編輯。民國十五年九月創刊。收一卷一至八號。

甲寅週刊 天津甲寅月刊社編輯，民國十三年一月創刊。繼續甲寅月刊。

申報紀念刊——最近之五十年 上海申報館印行。

生路 上海新學會編輯，民國十二年一月創刊。收一卷一至六期。

## 七畫

沉鐘 民國十五年八月創刊，北新書局出版。收二期至十期。

努力週報 胡適之主撰，民國十一年創刊。收一期至六十期。

努力青年 北平海甸書店書報部編輯，民國十五年十月創刊。收一期至四期。

努力學報 努力學社編輯兼發行，民國十八年九月創刊。收一期。

## 八畫

京報(副刊在內) 北平京報社編輯，民國十三年十二月創刊。收十四年七月至十二月，十五年一月至四月。

河北民國日報 天津民國日報社編輯。中有民國日報副刊隨報發行。收十八年一月至八月。

**河北大學文學叢刊** 保定河北大學文學研究會編輯，民國十八年一月創刊。收一期九期。

**東方雜誌** 商務印書館編輯兼發行，光緒三十二年創刊。收一卷至二十五卷全，二十六卷一至十九號。

**東南論衡** 東南大學東南論衡社編輯，民國十五年三月創刊。收一卷一至三十號。

**長虹週刊** 上海狂飈出版社編，民國十七年十月創刊。收一期至十期，十二期。

**長夜半月刊** 上海愛文書局編輯，民國十七年四月創刊。收一期至四期。

**孤輿** 開封孤輿雜誌社編輯。收一期至十期。

**明天半月刊** 北平明天社編輯，民國十七年十月創刊。收一卷全。二卷一至十號。

**釆社雜誌** 山西國民師範高師釆社編輯，民國十七年七月創刊。收一期至二期。

## 九畫

**洪水** 上海創造社出版部編輯，民國十四年十一月創刊。收一卷七期九期，二卷合訂本，三卷二十五期至二十八期，三十一期。

**南金** 南金雜誌社編輯，民國十六年八月創刊。收一號至十號。

**南國月刊** 田漢等編輯，民國十八年五月創刊。收一期至九期。

**南開大學週刊** 南開大學編輯，繼十一年後之季刊，民國十三年創刊。收四十六期至五十六期六十四期，又六十七期至七十期。

**春柳**　天津春柳雜誌社編輯，民國七年十二月創刊。現已停刊。收一期至七期。

**春潮月刊**　上海施高塔路四達里春潮書局編輯，民國十七年一月創刊。收一卷一至九期。

**奔流**　上海北新書局編輯，民國十七年六月創刊，收一卷一至十期，二卷一至五期。

**星海**　文學研究會編輯，商務印書館出版，無定期刊，收一册。

**秋野**　新月書店出版，收二卷一至四期。

# 十畫

**眞美善**　上海眞美善書店編輯，民國十六年一月創刊。收一卷至三卷全，四卷一至二號，又四至六號，五卷一號。

**泰東月刊**　泰東書局編輯，民國十六年創刊。收一卷二期十期十二期，二卷一期三期四期七期八期十一期。

**時事新報副刊**（學燈，文學旬刊，藝術旬刊，均在內。）收十二年，（缺四月至九月）十三年，（缺九月九日至十月九日）十四年一月至七月，（六月停刊。）十六年一月至二月。

# 十一畫

**庸言**　梁任公林紓夏曾佑等主撰，民國三年創刊，天津日租界庸言報館發行。收一卷一至二十四期。

**清華週刊**　清華大學編輯，民國三年創刊。收一期及四期增刊。二七卷一至六號，又八號至一五號。二八卷一至五號，七至八號，十至十二號，十四號，二九卷一至二號。

**清華學報** 國立清華學校學報社編輯，民國十三年六月創刊。收一卷二期四期六期八期，二卷至三卷全，四卷一至二期，五卷一期。

**清華文藝** 國立清華週刊副刊部編輯，民國十六年九月創刊，清華文藝繼之。收一至五期

**現代中國文學家** 第一卷，錢杏邨著，上海泰東書局印行。

**現代評論** 北平現代評論社編輯，民國十三年創刊。收一期至二零八期。

**教育叢刊** 北平師範大學編輯，民國八年創刊。收一卷一至四集，二卷至四卷全五卷一至六集。

**教育彙刊** 上海商務印書館編印。收一集至五集。

**貢獻**，上海嚶嚶書屋編輯，民國十七年二月創刊。收一卷二卷全，三卷一至六期又八至九期

**致力半月刊** 武漢政治分會祕書處黨義研究會編輯，民國十七年十月創刊。收一卷一期至二卷四期。

**國粹學報** 鄧實劉師培章太炎等主撰，光緒三十一年創刊。收一年至五年全，缺四年一號，六年缺五號，七年一至八號。

**國故月刊** 劉師培陳漢章馬叙倫等主撰，北京大學文科國故月刊社編輯，民國八年創刊。收一期至四期。

**國學月刊** 成都國學會輯編，民國十一年九月創刊。收一卷一至四期，二卷四至七期

**國語月刊** 上海國語研究會編輯，民國十一年一月創刊。收一卷全，二卷一至三期。

**國文學會叢刊** 北平師範大學國文學會編輯兼發行，民國十一年創刊。收一期至二期。

**國學季刊** 國立北京大學國學季刊編輯委員會編輯，民國十二年一月創刊。收一卷全，二卷一至二號。

**國學叢刊** 東南大學國學研究會編輯，民國十二年三月創刊，商務印書館發行，以後改爲國學輯林。收一卷全，二卷一至四期。

**國聞週報** 天津國聞週報社編輯，民國十三年一月創刊。收三卷至六卷全。

**國學月報** 北平述學社編輯，民國十五年一月創刊。收一卷全，二卷二至十二號。

**國學專刊** 上海羣衆圖書公司編輯，民國十五年五月創刊。收一卷一至三期。

**國學** 上海大東書局出版，民國十五年十月創刊。收一卷一至四期。

**國學論叢** 北平清華學校研究院編輯，民國十六年六月創刊。收一卷一至四號。

**國立中山大學語言歷史學研究所週刊** 廣州國立中山大學語言歷史研究所編輯，民國十六年十月創刊。收第三集二五至二六期，第四集三七至四八期，第五集四九至六〇期，第六集六一至七一期。第七集七三至八四期，第八集八一至九三期。

**國立中山大學圖書館週刊** 廣州國立中山大學圖書館編輯，民國十七年三月創刊，第一卷至五卷爲週刊，六卷起改爲半月刊。收一卷至七卷二期。

**晨光** 北平中國大學晨光雜誌社編輯。民國十二年一月創刊。收一卷一至五號，三卷一號。

**晨星**　河南晨星社編，民國十八年一月創刊。收七期八期。

**晨報副刊**　收十一至一二年，一三年缺十一月，十四年，十五年缺六月份，十六年，十七年一至五月，又五，六，七週年紀念增刊。

**唯是**　唯是學報社編輯，民國九年五月創刊。收一册至二册。

**荒島半月刊**　北平荒島社編輯，民國十七年四月創刊。收一卷一至六期，二卷一期。

**婦女雜誌**　商務印書館婦女雜誌社編輯，民國四年一月創刊。收一卷至四卷全，又六卷，九卷，十一卷，十二卷一至九號，十三卷二至十二號，十四卷一至六號。

**猛進週刊**　北京猛進週刊社編輯，徐昶生李玄伯等主撰。收一期至五十三期。

## 十二畫

**雅言**　上海雅言雜誌社編輯，民國二年十二月創刊。收壹年一至十一期。

**越光季刊**　越光季刊社出版。收紀念號。（一卷四號。）

**華國月刊**　章炳麟吳承仕黃侃等主撰，上海麥把路福星里華國月刊社編輯，民國十二年創刊。收一卷二卷全，三卷一期四期。

**華嚴**　北平華嚴書店編輯，民國十八年一月創刊。收一卷一至七期。

**華北文藝新刊**　民國十八年十月創刊，收創刊號。

**莽原** 北平未名社編輯，民國十四年創刊。收一卷上下册，又二卷全。

**莽蒼社刊** 北平莽蒼社編輯，民國十七年創刊。收一卷三至四號，二卷一至二號。

**開明** 上海開明書店出版，民國十七年七月創刊。收一卷一至七號，九號，二卷一號。

**創造季刊** 創造社編輯，民國十一年十一月創刊。後創造週報繼之。收一卷一至四期，二卷一至二期。

**創造週報** 上海創造社編輯，泰東書局印行，繼續創造季刊。自十六年起，創造月刊繼續之。收一號至五十二號。

**創造月刊** 創造社出版部編輯，民國十六年一月創刊，繼續創造週刊。收一卷一至十二期，二卷一至四期。

**進步** 進步雜誌社編輯，宣統三年創刊。民國二年停刊。

## 十二畫

**新譯界** 范熙壬編輯，光緒三十二年十月創刊，至三十三年五月停刊。收一册至六册全。

**新青年** 胡適之陳獨秀等主撰，民國四年九月創刊。收一卷至九卷全。

**新潮** 國立北京大學出版，民國八年一月創刊，收一，二卷全，三卷一號。

**新中國** 北平新中國雜誌社編輯，民國八年五月創刊。收一卷一至八號。二卷一至七號。

**新教育** 商務印書館編印，民國八年一月創刊。收一卷至九卷全，十卷一至三期五期，十一卷一至二期。

**新華週刊**　北平新華週刊社編輯，民國十年五月創刊，至七月停刊。收一期至十一期。

**新星**　新星月刊社編輯，民國十四年一月創刊。收一期至五期。

**新女性**　上海開明書店編輯，民國十五年七月創刊。收二卷上冊。

**新月**　上海新月書店編輯，民國十七年三月創刊。收一卷一至十二號，二卷一至九號。

**新流月報**　上海新流月報社編輯，民國十八年三月創刊。收二期。

**新民半月刊**　北平新民讀書會編輯部編輯，民國十八年七月創刊。收一期至十二期。

**新民叢報**　北平新民叢報社編輯，民國十八年七月創刊。收三年一至二十四號，四年一至二十四號。

**新學報**　永嘉新學會編輯。收一號至二號。

**新晨報**　北平新晨社編輯。收十七年八月十二月十八年全。（十月停刊）

**厦大周刊**　厦門大學編輯，民國十五年九月創刊，繼續厦大季刊。收一八七期至二二八期。

**厦門大學文科半月刊**　厦門大學文科編輯，民國十七年十二月創刊。收一期至二期。

**厦大集美國專學生會季刊**　厦大集美國專學生會出版委員會編輯兼發行，民國十八年六月創刊。收一期。

**匯文學藝**　匯文學校出版，民國十五年創刊。收三六期三九期，四七期。

**當代** 上海嚶嚶書屋編輯，民國十七年二月創刊。收一卷一至四編。

**解放與改造** 北平新學會編輯，民國八年九月創刊，一卷二卷名解放與改造，自第三卷起改名改造。

## 十四畫

**語絲** 魯迅周作人錢玄同林語堂等主撰，民國十三年創刊。收一期至一五六期，四卷一至十三期，二七至五二期，五卷一至二五期。

**歌謠週刊** 北京大學研究所編輯，民國十一年十二創刊。收一期至九六期。

**碧湖** 天津碧湖社編輯，收一期。

**睿湖** 北平海甸燕京大學國文學會編輯，民國十八年六月創刊。收一期。

**綿延半月刊** 北京華北大學綿延社編輯，民國十五年一月創刊。收一期至二十三期。

**綺虹** 北平中大綺虹社編輯，民國十八年四月創刊。收一期至四期。

## 十五畫

**樂羣半月刊** 上海樂羣半月刊社編輯，民國十七年十月創刊，十八年後改爲月刊。

**樂羣月刊** 張資平等主編，民國十八年一月創刊。收一卷一至八期，二卷八至九期。

**暨南週刊** 暨南大學出版，民國十六年十月創刊。收一至一一期，二卷四至五期，九至十二期，三卷一至八期，十至十二期，四卷一至二期，五卷一

刋至七期

## 十六畫

**學生雜誌** 上海學生雜誌社編輯，民國三年七月創刊。收一卷至十五卷。

**學藝雜誌** 上海中華學藝社編輯，民國六年創刊，商務印書館發行。收二卷一至二號四號，三卷十號，四卷二至三號，六卷一至五號，七卷一至十一號，八卷一至十號，九卷一至五號

**學衡雜誌** 吳宓主撰，民國十一年創刊，中華書局發行。收一期至三五期，三九期至六七期。

**燕大月刋** 燕京大學編輯，民國十六年十月創刊。收一卷一至四期，二卷一至二期，三卷一至四期，四卷一期，五卷一至三期。

**鼎臠** 北平朝陽大學鼎臠社編輯，民國十七年創刊。收週年紀念刊。

## 十七畫

**戲劇月刋** 劉豁公編，民國十七年六月創刊，大東書局出版。收一卷一至十一號，二卷一號。

**戲劇月刋** 廣東戲劇研究所出版，民國十八年九月創刊。收一期至三期。

**戲劇與文藝** 北平戲劇與文藝社編輯，民國十八年五月創刊。收一卷一至七期。

**戲劇的園地** 辛酉學社愛美的劇團編輯，民國十八年七月創刊。收一卷一至四期

戲劇週刊　戲劇週刊社編輯，世界日報週刊之六。收一期至十六期。

戲劇　民衆戲劇社編輯，收一卷一至六期。

戲劇　新中華戲劇協社編輯。收二卷一至四號。

曙光　收一卷一至五號。

繁華雜誌　秋水等編。收一期至六期。

## 十八畫

瀑布合訂本　北平師範大學眞社編輯，民國十八年二月創刊。收第一册。

## 二十畫

譯書彙編　上海譯書彙編社編輯。收第二年三期。

# 文學論文索引

## 上編　文學總論

### 一、通論

歷史的文學觀念論　胡適　新青年二卷三號　六年五月

文學上之疑問三則　張效敏　新青年五卷五號　七年十一月

文藝的進化　日本廚川白村著　朱希祖譯　新青年六卷六號　八年六月

文學的研究　施畸　新中國一卷七號又二卷二號　八年十一月
內容：(1)緒論　(2)文學是科學嗎　(3)文學的對象與定義(4)文學的組織　(5)文學與各科學的關係　(6)文學底性質　(7)文學底目的及價格　(8)結論

論文　潘力山　學藝雜誌二卷四號　九年七月

個性的文學　仲密　新青年八卷五號　十年一日

文論集要敘　沈兼士　北大月刊一卷八號　十年二月

文藝的討論　仲密　一鳴　晨報副刊十一年　一月二十日

自巳的園地　仲密　晨報副刊十一年一月二十二日至十月十二日
內容：評下列作品：(1)自己的園地，(2)文藝上的寬容，(3)

國粹與歐化　(4)貴族的與平民的　(5)詩的效用　(6)古文學　(7)阿麗思漫遊奇境記　(8)阿Q正傳　(9)沈淪　(10)王爾德童話　(11)歌謠　(12)文藝上的異物　(13)論小詩　(14)？　(15)謎語　(16)文藝的統一，(17)你往何處去　(18)魔俠傳　(19)情詩

**文學的討論**　黃日葵　仲密　晨報副刊十一年二月七日，八日

**白芬論文**　錢莖新譯　文哲學報一期十一年三月

**最高的藝術問題**　Lobcadio著　王靖譯　覺悟十一年四月二十九日

**文學衰墮之由**　小蟲　覺悟十一年六月二十九日

**文學的統一觀**　鄭振鐸　小說月報十三卷八號　十一年八月

**綠洲**　周作人　晨報副刊十二年一月二十五日至六月二十二日
內容：批評下列書作品：(1)鐔百姿　(2)法布耳的昆虫記　(3)北京的外國書價　(4)猥褻論　(5)歌祿兒童的文學　(6)俺的春天　(7)兒童劇　(8)玩具　(9)鏡花緣　(10)舊夢　(11)結婚的愛　(12)藝術與道德　(13)世界語讀本　(14)日本語典

**文藝雜論**　俞平伯　小說月報十四卷四號　十二年四月

**文學作品與音節**　白采　覺悟十二年四月三日

**文學界的四個問題**　胡懷琛　覺悟十二年四月廿三日

文學的趣味　劍三　晨報副刊十二年七月二十一日

自己的園地序　周作人　晨報附鐫十二年八月十一日

國民文學之決心　顧實　國學叢刊一卷三期十二年九月
內容：（1）自然文章論（2）形式文章論（3）結論

文學的聯合戰線　化魯　學燈十二年九月三日

文藝雜感　孔襄我　覺悟十二年九月六日

文學的環境　王伯祥　學燈十二年九月十日

文藝上的節產　郭沫若　創造週報十九號　十二年九月十二日

讀了「自己的園地」　湯鐘瑤　晨報副刊十二年十月九日

國民文學論　鄭伯奇　創造週報三十三號至三十五號　十二年十二月十二日

文學論　沈澤民譯　覺悟十三年二月十八日至四月十八日

新文學概論　汪馥泉　覺悟十三年六月一日至二十四日
內容：前篇文學通論：（1）文學的定義（2）文學的特質（3）文學的起源（4）文學的要素（5）文學的形式（6）文學和言語（7）文學和國民性（8）文學與時代（9）文學與道德　後篇文學批評論（1）文學批評的意義種類和目的（2）客觀的批評和主觀的批評（3）科學的批評（4）倫理的批評（5）鑑賞批評和快樂批評（6）結論

闢文學分貴族平民之僞　劉樸　學衡雜誌三十二期　十三年八月

文藝上幾個根本問題的考察　仲雲譯　東方雜誌二十一卷二十號　十三年十月　內容：（1）豫言者的詩人（2）理想主義與實現主義（3）短篇頌飾（4）白日之夢（5）文藝與道德（6）酒色聲歌

苦悶的象徵　日本厨川白村著　魯迅譯　晨報副刊十三年十月一日至三十一日　內容：分四部：第一創作論　第二鑑賞論　第三關於文藝的根本問題的考察　第四文學的起源　按此篇已有單行本

關於「苦悶的象徵」命名的討論　魯迅　王鑄　京報副刊十四年一月十三日

松原寬評厨川氏「苦悶象徵」之難點　景尼譯述　晨報副刊十四年二月四日至十日

人物的研究　沈雁冰　小說月報十六卷三號　十四年三月

論國民文學的三封信　穆木天　周作人等　京報副刊十四年三月六日

關於文學大綱　謝六逸　文學週報五卷

關於「文學大綱」的幾點疑問—並質振鐸先生　聞國新　晨報副刊十四年五月十三日

「文學大綱」的一葉　雲翼　晨報副刊十四年五月二十至二十三日

民衆文藝的三條路　孫伏園　京報副刊十四年四月七日

平民文藝和平民的藝術　陳望道　覺悟十一年四月廿九日
平民文學的研究　斐文中　晨報刋十四年六月十一日
平民文學的勢力　裴文中　晨報副刊十四年九月二十四日
平民文學的需要　斐文中　晨報附刊十四年九月二十七日
文藝上的衝動說　張資平　晨報副刊十四年九月三十日
關於民間文藝　潘漢年　疑古玄同　京報附設之第七種週刊十四年十一月十五日
談談平民文學　冬生　益世報十八年三月三十日十月三十日
再談平民文學　冬生　益世報十八年十一月二日至三十日
民間文學中的「死」　壽彭　世界日報副刊十五年八月二日至十二日
論叙事的和抒情的文藝　楊丙辰　世界日報副刊十六年一月七日
文藝瑣談　冲天　世界日報副刊十六年一月二十三日
文學之研究　汝舟　北京益世報十五年十二月十四日十六年一月二十日
文藝雜論　子荊　世界日報附刊（苦果）十六年九月七日

最高的藝術的問題　垂雲譯　晨報副刊十七年三月一日

文學裏的自然情感　瞿璐　世界週報刊之五十七年四月二十日

文藝上的風格與形式之研究　甘師禹　世界日報十七年十二月二十六日副刊十八年一月九日至二月十二日

再談文藝　趙蔭棠　河北民國日報副刊十八年二月二十日

民俗文學概論　曉鶯　大公報十八年二月十九日至二十七日

文藝雜談　高蹈　河北民國日報副刊十八年四月三日

寫意與寫實　佛西　大公報戲劇十八年四月五日

現代文學之背景　一眞　河北民國日報副刊十八年五月十六日至十九日

今天的文學　李一之　河北民國日報副刊十八年七月二十九日

評潘梓年文學概論　彥威　大公報文學副刊十八年十二月九日

藝術新論　青野季吉　當代四編

最高的藝術之問題　日本小泉八雲　侍桁譯　北新半月刊二卷十六號

歷史的藝術　希倫 Hiru 著　汪馥泉譯　北新半月刊四卷一二期

在一切藝術 日本武者小路實篤 魯迅譯 莽原合本一卷下册

凡有藝術品 武者小路實篤 魯迅譯 莽原合本一卷（下册）

弄笛者之爭訟 法耶士著 傅東華 文學周報五卷

Bukharin 論藝術 武者譯 明天半月刊二卷五號

藝術的「獨立論」 全國娍 綿延（半月刊）十五期

文學及藝術之技術的革命 陳望道 小說月報十九卷二號

藝術運動底根本觀念 沈起予 創造月刊二卷三期

七種藝術與七種謬見 J. E. Spiugern 林語堂譯 北新半月刊三卷十二號

藝術雜論 全國娍 綿延半月刊四期，五期

現代的文學 日本上田敏著 嬰行譯 貢獻旬刊三卷四期

「文學之近代研究」原序 傅東華 文學週報四卷

文學之近代研究 傅東華譯 小說月報十七卷一號至二，三，四，七，號

文學進化論 莫爾頓著 傅東華譯 小說月報十八卷二號至六號

文學進化論　姚鵷雛　新中國一卷四號　八年八月
內容：一，仿古的文學二，學說的文學，三，美術的文學。

文學論　朱希祖　北大月刊一卷一號

文學巵言　指嚴　學生雜誌一卷二號　三年八月
內容：(1)論理　(2)敘事　(3)審美

文學概論　劍三　晨光一卷三號

「文學的解釋」的結論　小泉八雲著　震瀛譯　南開大學週刊四十七期

文學的影響　李霽野譯　莽原合本二卷下册

文學界的使命　碧賓　莽蒼社刊一卷三號

少年主人公的文學　日本小川未明　高明譯　文學週報七卷十四期

文學作品與文學　司塔　河北大學週刊一期

文藝的罪過問題　陳醉雲　貢獻旬刊一卷九期

傳統與愛好　李霽野譯　莽原合本二卷下册

文藝的尋味　顏毓蘅　南開大學周刊五十四期

文藝的新路　虛白　眞美善三卷二號

文學上的感情概論　白鶴　華北文藝新刊創刊號

文學的紀律　梁實秋　新月刊月創刊號

文章組織論　施畸　學藝雜誌九卷四，五合刊

文氣的辨析　郭紹虞　小說月報二十卷一號

論文學體制所以變遷之原則　魏建功　AC月刊三期

所謂傳統的文學觀　郭紹虞　東方雜誌二十五卷二十四號

文藝上的內容與表現　方光燾　一般二卷二號

文藝的內容與表現　任白濤　民鐸八卷三號

文藝作品中的事實與眞理　侍桁　春潮月刊一卷二期

形式與實質　法國古爾芒　傅東華澤　文學週報四卷

介紹一個文學的公式　郁達夫　長報副刊十四年九月十一日

文章的風格　邵子風　學生雜誌十四卷十一號

冷的文章熱的文章　觀雲　新民叢報第四年四號

讀的文章和聽的文字　魯迅　莽原合本五卷下冊

論國民文學　王獨清　語絲五十三期

民間文學　靜聞　民間文藝三期

民衆的藝術　鄧以蟄　現代評論一三一期

世界語文學　愈之　小說月報十八卷十二號

文學談　豈明　語絲一四零期

與陳子翼論文學書　段凌辰　孤輿七，八期合刊

莤誨堂隨筆　莤誨　進步一冊
內容：文以通今爲貴；文衡；作論之箴貶；修辭六義。

散文與韻文　美，斯賓葛恩，李濂李振東合譯　北新半月刊二卷十二號

絮語散文　胡夢華　小說月報十七卷三號

論散文　梁實秋　新月一卷八號

花東序　周作人　語絲四卷三期
註：花東是集文藝論文三篇而成

論文集「二十年間」第三版序　魯迅　春潮月刊一卷七期

華蓋集續小引　魯迅　語絲一零四期

華蓋集題記　魯迅　莽原一卷上册

讀談虎集　冬芬　語絲四卷七期

談龍集序　周作人　文學週報五卷

藝術與生活序　周作人　語絲八十九期

文藝論集序　沫若　洪水一卷七號

薛爾曼現代文學論序　浦江清譯　學衡五十七期

關於平民文學　林培廬　綿延二十一期

## 二、文學意義和起源

什麽是文學　羅家倫　新潮一卷二號　八年二月

藝術起源說　鴻　覺悟十一年九月廿七日
內容：文藝分四種：摹倣的，表情的，裝飾的，游戲的。

文學是什麽　潘梓年　覺悟十二年二月廿五日

文學的一個界說　佩弦　立達季刊一卷一期十四年六月

平民文學的產生　裴文中　晨報副刊十四年九月二十六日

從來曖昧的文學定義　王森然　世界日報附刊(駱駝)十六年五月二十九日至六月四日

何謂藝術　林文錚　貢獻旬刊二卷五期

生藝術的胎　日本，有島武郎　魯迅譯　莽原一卷上册

文藝起源論　秋原　北新半月刊二卷二十二號

什麽是文藝　禹亭　明天半月刊一卷一號

文學究竟是什麽　周天沂　燕大月刊二卷十二期

文學觀念與其含義之變遷　郭紹虞　東方雜誌二十五卷一號

文藝觀念十家言　罪人　河北民國日報十八年四月十日副刊

文學通詮　厲小通　東南論衡一卷十三期

文訓　平伯　語絲三十期

散體文正名　陳衍　小說月報十七卷號外

## 三、文學性質

文學上之美術觀　金一　國粹學報第三年(二十八期)第三冊宣統二年

文學之性質　陳達材　新潮一卷四號　八年四月

文學的催眠術　羅羅　東方雜誌十七卷七號　九年四月

文章的美質　陳望道　新青年九卷一號　十年五月

文學的範圍和要素　張錫昌　學生雜誌九卷二號　十一年二月

文學與眞與美　景昌極　文哲學報一期十一年三月
內容：眞—眞情，眞事，眞理，美—美響，美影，美構，美意

論文學中相反相成之義　劉永濟　學衡十五期十二年三月
內容：1. 緒言；2. 摹倣與創造；3. 雕琢與自然；4. 結論。

文學管窺　孫世揚　華國月刊一卷一期十二年九月

文藝的眞性質　佩弦　小說月報十五卷一號　十三年一月

文學之標準　胡先驌　學衡三十一期十三年七月

文學的美　佩弦　學燈十四年三月三十日

藝術的普遍性　金滿城　晨報副刊十四年五月二十五日

文學範圍論略　蔣鑑璋　晨報副刊十四年七月一日

文學的貴族性　周作人　晨報副刊十七年一月一日至二日

文學之要素　劉伯明　學藝雜誌二卷二號　九年五月
內容：1總論2情緒3想像4理實5文學外象

文學的本質　任白濤　民鐸　八卷一號

文學上的五種力　王森然　國聞周報六卷三十八期

文學的主觀與客觀及其爭端　陳醉雲　貢獻旬刊二卷二期

文以載道的問題　雪林　現代評論八卷二〇六，七，八期合本

文學的新精神　英，蕭伯納　傅東華譯　文學週報四卷

自己經驗與自畫像　言返　文學周報五卷

論文藝上的誇大性　黎錦明　文學周報五卷

## 四、文學分類

### I. 通論

文學之分類　路易　學燈十二年一月一日

文學作品的分類法　仲密　學燈十二年十一月十九日

散文的分類　王統照　晨報副鐫十三年二月二十一日至三月一日

文學總集與分類之沿革論略　張大東　國聞週報三卷四十六期至四十七號

兩漢以前文籍類別表序例初稿　鍾應梅　厦大周刊二百一十八期

蕭梁文選及古文辭類纂編例之比觀　王錫睿　國學叢刊三卷一期

文章分類述評　鍾應梅　厦大周刊二百零二期

2. 民間文藝分類

民間文藝的類別　沈傑三　京報附設之第七種週刊十四年十一月二十九日

民間文藝的分類　葉德均　文周報六卷十三期

關于民間故事的分類　顧均正　民俗十九期至二十期

3. 詩歌分類

歌謠分類問題　邵純熙　歌謠週刊十五號　十二年四月二十二日

再論歌謠分類　劉文林　歌謠週刊十六號　十二年四月二十九日

歌謠分類問題　邵純熙　常惠　歌謠週刊十七號十二年五月六日

詩歌的分類　西諦　學燈十二年六月

歌謠分類的商榷　何植三　歌謠週刊二十七號　十二年十月七日

歌謠分類問題的我見　傅振倫　歌謠週刊八十四號　十四年三月二十九日

### 4. 戲劇分類

舊有劇本之分類　老霄　大公報十七年六月十三日

## 五、文藝思潮

### 1. 通論

文藝思潮論　日本廚川白村著　馥泉譯　覺悟十一年二月三日至二十八日

西洋文藝思潮的變遷　謝六逸譯　學林雜誌一卷六期十一年三月
內容：(1)古典主義與浪漫主義　(2)由浪漫主義到自然主義　(3)浪漫主義與自然主義的比較　(4)自然主義的勃興　(5)自然主義的派別

最近歐洲文藝思潮概觀　汪馥泉　學生雜誌卷九號至十一號　十一年九月

文藝思潮論　樊仲雲譯　學燈十二年十二月二十四日至十三年二月
內容：1.序論　2.古代思潮史之回顧　3.中世思潮史之回顧　4.近

**讀文藝思潮論** 誦虞 小說月報十五卷二號 十三年二月

**現代藝術思潮概論** 粲鴻譯 覺悟十三年二月二十五日

**歐洲最近文藝思潮概觀** 樊仲雲 星海十三年八月

**歐洲最近文藝思潮** 憶秋生譯 小說世界五卷四期至七卷四期

**現代歐洲藝術及文學的諸流派** 雪峯譯 奔流二卷四號，五號

## 2. 古典主義和浪漫主義

**浪漫運動** 德徵 覺悟十一年七月二十五日

**德國羅曼派文學與其反對派** 余祥森 學藝雜誌四卷五號至十號，十一年十一月

內容：(1)羅曼文學的先驅者 (2)羅曼派文學 (3)羅曼派的古典反對派 (4)德意志青年派

**雅典主義** 成仿吾 創造季刊二卷一號 十二年

**何謂古典主義** 鄭振鐸 小說月報十四卷二號 十二年二月

**法國的浪漫運動** 希孟譯 小說月報十五卷號外(法國文學研究)十三年四月

古典主義　賀平　長報副刊十四年七月一日至七日
內容：（1）古典主義時代以前　（2）何謂古典　（3）古典主義　（4）法國之古典主義文學　（5）英國之古典主義時代的文藝

俄羅斯文學中的感傷主義及浪漫主義　呂漱林譯　長報副刊十四年七月十五日
內容：（1）卡拉穆津及其學派　（2）茹考夫斯基及其詩

浪漫主義　賀平　長報副刊十四年八月四日

浪漫的文藝與古典的文藝　蔭棠　長報副刊十六年二月二十一日至二十三日

浪漫的與古典的　吳宓　大公報十六年九月十七日　國聞週報四卷三十七期

浪漫的與古典的文學　垂雲　長報副刊十七年二月六日至十日

新文學之痼疾　郭斌龢　學衡五十五期
內容：論浪漫主義與寫實主義之痼疾。

百年前的法國浪漫主義　曾仲鳴　貢獻旬刊二卷九期

3. 自然主義

近代文學上的寫實主義　愈之　東方雜誌十七卷一號　九年一月

德國寫實派文學與其反對派　余祥森　學藝雜誌四卷七號至十號十二年一月

寫實主義與庸俗主義　成仿吾　創造周報五號　十二年六月

法國自然主義的文藝　日本，相馬御風著　汪馥泉譯　法國文學研究　小說月報十五卷號外　十三年四月

穆爾論自然主義與人文主義之文學　大公報文學副刊　十八年十二月十六日

寫實主義的文學　樊樹芬　新華周刊六期至七期

寫實文學論　穆木天　創造月刊彙刊一集

## 4. 新浪漫主義

我們現在可以提倡表象文學麽　雁冰　小說月報十一卷二號　九年二月

文學上的表象主義是什麽　謝六逸　小說月報十五卷五號至六號　九年五月　內容：A本來表象　B比喻寓言　C高級表象　D情調表象。

現代文學上底新浪漫主義　昔塵　東方雜誌十七卷十二號　九年六月

戰後文學底新傾向浪漫主義的復活　冠生譯自法國兩世界雜誌。　東方雜誌十七卷二十四號　九年十二月

新羅曼主義及其他　田漢　少年中國二卷十二期　十年六月

文藝上的新羅曼派　馥泉　覺悟十一年七月九日

**新浪漫主義文藝之勃興** 湯鶴逸　晨報六週增刊十三年十二月一日
內容：(1)自然主義與新浪漫主義　(2)新浪漫主義與印象主義　(3)頹廢派的藝術與象徵主義　(4)享樂主義

**象徵主義** Le Symbolirme 宋春舫　清華學報二卷一期

**印象主義的批評** 英，王爾德　林語堂譯　北新半月刊三卷十八號

**未來主義** 特洛茨基　李霽野譯　莽原合本二卷上册

**理想主義之根源** 英，蕭伯納　傅東華譯　文學週報四卷

## 5. 新寫實主義——普羅列塔利亞文學

### (1) 通論

**文藝和布爾塞維克** 震瀛　新青年八卷四號　九年十二月

**無產階級與文學** 胡南湖　今日一卷三號　十一年四月

**文學上的階級鬥爭** 郁達夫　創造週報三號　十二年五月十九日
關於革命文學七十八至八十六頁

**無產階級的文學可以成立嗎** 張我軍譯　新晨報副刊十七年十二月三日至七日

**論革命文學** 高蹈　河北民國日報副刊　十八年一月十六日

大衆文學的理想與現實　張我軍　河北民國日報副刊十八年七月十八日至二十日

文藝思想談漫　王誌之　新晨報副刊十八年九月五日至九日

關於「論革命文學」　斯徒　新晨報副刊十八年八月五日至七日

談談革命文學　史梯耳　新晨報副刊十八年八月二十日

關於「再談革命文學」　斯徒　晨報副刊十八年　月　日　十一月十二日

三談革命文學　禹亭　新晨報副刊十八年十一月二十三日至二十七日

「三談革命文學」的答覆　斯徒　新晨報副刊十八年十二月十六日至二十日

革命文學與自然主義　芳孤　泰東月刊一卷十期

勞動階級應當養文化的工作者　M 戈理基著　雪峰譯　文藝講座第一册

「藝術論」「藝術與社會生活」——蒲列哈諾夫與藝術　沈端先譯　文藝講座第一册

藝術上的階級鬥爭與階級同化　傅利采著　許幸之譯　文藝講座第一册

藝術與哲學，倫理　本莊可宗作　魯迅譯　文藝講座第一册

內容：（1）序論；（2）觀念的整頓—無產者和哲學（3）思維的墮落—有產者文化的頹廢；（4）藝術與哲學的關係。（未完）

新文化概論　彭康　文藝講座第一册
內容：(1)文化是什麼？(2)文化的發生及發展；(3)資本主義社會的文化；(4)文化的變革；(5)無產階級的文化。(第一章完)

意識形態論　朱鏡我　文藝講座第一册
內容：(1)社會的生活與社會的心理；(2)社會的心理與意識形態；(3)意識形態與下層構造之關係(4)意識形態之階級性及其作用；(5)意識形態之發展階段(6)幾個例證；(7)文藝上的幾種潮流之說明(8)青年文藝家當前的任務(未完)

藝術概論　馮乃超　文藝講座第一册
內容：(1)序論；(2)藝術是什麼；(f)意識形態和藝術；(4)藝術的發生。

藝術論　左壽昌　秦東月刊二卷八期

藝術與階級　Alunachaisky原著　日本昇曙夢譯　魯迅重譯　語絲四卷四十期　藝術論第三章

普羅列塔利亞小說論　洪靈非　文藝講座第一册
內容：第一章總論：(1)普羅列塔利亞藝術的發生(2)普羅列塔利亞藝術否定論者的謬誤(3)普羅列塔利亞藝術的特性(4)普羅列塔利亞文學(5)普羅列塔利亞小說　第一章完全論未完

無產階級的文化與無產階級的藝術　蘇聯特洛茨基　李霽野譯　莽原合本二卷上册

新文藝的建設　仲雲　文學週報四卷

革命文學論　王誌之　綺虹三期

革命文學的我見　趙冷　生路一卷四期

完成我們的文學革命　成仿吾　洪水三卷二十五期

文藝戰的認識　仿吾　洪水三卷二十八期

革命的文學　樊曉雲　今日創刊號

革命文學與他的永遠性　成仿吾　關於革命文學三十二至三十六頁　創造月刊彙刊一集

基督教與革命文學　嗣莊　文社月刊三卷五册

論革命文學　禹亭　明天半月刊二卷四號

革命文學問題　冰禪　北新半月刊二卷十二號

關於革命文學　蔣光慈　關於革命文學十九至二十八頁　太陽月刊二月號

革命文藝與大衆文藝　彭康　創造月刊二卷四期

大衆文藝與革命文藝　長虹　長虹週刊八期

文學是有階級性的嗎　梁實秋　新月二卷六，七合刊

文學上之個人性與階級性　侍桁　語絲四卷二十九期

無產階級專政和無產階級的文學　郁達夫　關於革命文學五十六至六十頁

無產階級專政和無產階級的文學　曰歸　洪水三卷二十六期

藝術之社會的意義　成仿吾　關於革命文學六十一至六十七頁

通過了十字街頭—今後文藝思想的進路　仲雲　小說月報二十卷一號

內容：(1)從象牙塔到十字街；(2)浪漫主義與寫實主義(3)文藝思想之下層基礎；(4)唯心思想與唯物思想；(5)所謂普羅列塔利亞文學者。

文學革命之回顧　麥克昂　文藝講座第一冊

(2)中國普羅塔利亞文學

現代中國的文學界　蔣光赤　覺悟十三年一月二十三日

現代中國社會與革命文學　蔣光赤　覺悟十四年一月一日

論勞動文學　仲雲　小說月報十二卷六號　十四年六月

內容：問題文藝；英國文學；近代文學中的小說；敘述罷工事件的戲劇

歡迎太陽　方璧　文學週報五卷

革命文學運動的觀察　李作賓　文學週報七卷七期

現代中國文學與社會生活　蔣光慈　關於革命文學六十八至七十七頁

中國新文藝運動　華漢　文藝講座第一册　內容：（1）前言，（2）五四新文學運動，（3）浪漫主義文藝運動，（4）自然主義文藝運動，（5）革命文學運動，（6）無產階級文藝運動，（7）結語。

目前中國的文藝界　蜚竹　綺虹三期　內容：（1）前言，（2）背景，（3）派別，（4）各派對於文藝的認識　（5）將來文藝的趨向　（6）結論

中國新興文學論　杏邨　文藝講座第一册　內容：（1）〔中國青年〕時代（一九二三——二七）　（2）〔創造月刊〕與〔太陽月刊〕時代（一九二八）　（3）關於〔新流月報〕（一九二九）　（4）〔拓荒者〕與左翼文藝（一九三〇）　（5）指導理論的發展（一九二三——三〇）

革命文學論文集序　壽樓　生路一卷四期

## （3）外國普羅塔利亞文學

### A　俄國

革命俄羅斯底文學　日本，昇曙夢述　馥泉譯　覺悟十一年八月十八日

戰後俄國文學概述　畢樹棠　晨報副刊十二年五月二十日至二十四日

赤俄新文藝時代的第一燕　瞿秋白　小說月報十五卷六號　十三年六月

最近俄國的文學問題　瞿秋白　星海一期十三年八月　指一九二三年

俄國文學的新時代　東譯　新晨報副刊十八年三月二十五日至三十日

蘇俄十年間的文學論研究　岡澤秀虎著　陳雪帆譯　小說月報二十卷三號至八號

俄國最近文學的批判　陳勺水　樂羣月刊一卷六期

新俄的文學　蒙生　小說月報二十卷七號

革命後十二年來之蘇俄文學　日，茂森唯士著　秋原譯　北新半月刊四卷十一二號合刊

俄羅斯文學最頂點的要素　日，藏原惟人　方炎武譯　北新半月刊三卷十七號

俄國無產階級文學發達史——以理論爲中心的　岡澤秀虎著　雪峯譯　文藝講座第一冊

內容：(1)序；(2)第一期—從〔無產者文化協會〕往〔鍛冶廠〕；(3)第二期—從〔印刷與革命〕〔赤色處女地〕底創刊至〔十月〕底結成(4)無產階級文學團體〔十月〕底綱領(5)〔立在前哨〕和〔烈夫〕底論爭及〔瓦普〕底結成(6)第三期—從〔立在文學底前哨〕底創刊至最近

社會主義的建設與現代俄國文學　傅利采著　蔣光慈譯　文藝講座第一冊

文藝政策　魯迅譯　奔流二卷一號　五號

### B　日本

日本無產階級作家論　日本石濱知行　胡行之譯　北新半月刊四卷六期

論現代美俄二國文化和日本新文學　陳勺水　樂羣月刊一卷七期

論日本無產文學理論的開展　陳勺水譯　樂羣月刊二卷九期

### C　其他各國

英國新興文學概觀　宮島資三郎　勺水譯　樂羣月刊一卷四期

德國新興文學　山岸完宣著　勺水譯　樂群月刊二卷八期

捷克國的新興文學　牟婁堯著　陳勺水　樂羣月刊一卷五期

## 六、文學創作

文學上之摹倣與創造　繆鳳林　東方雜誌十八卷十二號　十年六月

論今日文學創造之正法　吳宓　學衡十五期　十二年三月

內容：(1)宜虛心　(2)宜時時苦心練習　(3)宜遍習各種之體而後專精一二種　(4)宜從摹倣入手　(5)勿專務新奇　(6)勿破滅文字　(7)宜廣求知識　(8)宜背誦名篇　(9)宜絕除謬見

文學的創造　Lojcadis Hearn　王靖譯　學生雜誌九卷五號　十二年五月

文學觀念的進化及文學創作的要點　于守濂　晨報副刊十二年九月十一日

文學上摹倣之意義　淑貞　學燈十二年十月三十日

文藝創作論　廚川白村著　仲雲譯　學燈十三年七月七日至九月八日

創作與壓抑　杜俊東　世界月報附刊（駱駝）十六年十二月二十八日

我們爲什麼要作文章　施天倬　晨報副刊十七年一月二十日至二十一日

中國文學裏的摸擬影響與創造　胡雲翼　北新半月刊二卷三號

經驗與創造　李壽野譯　莽原合本二卷下册

創作的過程　趙蔭棠　AC月刊一期

生活中的創造藝術　李壽野　莽原合本卷二上册

論創作　小泉八雲作　石民譯　北新半月刊四卷一，二期合刊至三期

慘霧的描寫方法　李聖悅　文學週報五卷

## 七、文學批評

俄國的批評文學　克羅普泡特金著　澤民譯　小說月報十二卷號外十年九月

近代批評叢話 闕弦譯 學燈十二年十月二十九日

論文學批評 冰心 晨報副刊十一年一月二十二日

批評與夢 郭沫若 創造季刊二卷一號 十二年五月

文學批評 賀自昭 學燈十二年六月

文學批評的我見 王統照 晨報副刊十二年六月十一日

批評——欣賞——檢查 郭沫若 創造週報二十五號 十二年十月二十四日

藝術的評價 郭沫若 創造週報二十九號 十二年十一月

文藝批評論 胡夢華 東方雜誌二十一卷四號 十三年二月

內容：（1）發端，（2）諸家之文藝觀念，（3）文藝批評之意義與方法，（4）結論。

建設的批評論 成仿吾 創造週報四十三號 十三年二月

文藝批評管見 伯符 學燈十三年六月十日至十一日

文學批評論 章錫琛譯 學燈十三年七月二十八日至九月八日

批評文學與文學原理 董秋芳 晨報副刊十四年二月十日

批評與文學批評　羅家倫　現代評論十四年四月十八日

社會的文學批評論　傅東華譯　小說月報十六卷六號，十號　十四年六月

文學批評辯　梁實秋　晨報副刊十五年十月二十七日至二十八日

新的批評　趙蔭棠　河北民國日報副刊十八年一月十三日至十四日

關於批評　祁齡　新晨報副刊十八年五月四日

印象主義的文學批評論　華林一　東方雜誌二十五卷二號

判斷主義的文學批評論　華林一　東方二十五卷七號

新的批評　林語堂譯　奔流一卷四期

文學批評概畧及其他　田印川　鷽巢週年紀念刊

表現的鑑賞論　胡夢華　小說月報十七卷十號

批評的建設　成仿吾　創造季刊二卷二號

論批評的態度　梁實秋　新月二卷五號

全部的批判之必要　成仿吾　創造月刊一卷十期　如何才能轉換方向的考察

近代文藝批評漫談　方幸　荒島半月刊二卷一期

文藝批評雜論　成仿吾　創造月刊彙刊一集

保護的秘密　法郎士著　傅東華譯　文學週報四卷五六三頁

文學批評——其意義及方法　愈之　東方雜誌十八卷一號　十年一月　內容：(1)什麼是文學批評　(2)文學批評與批評文學　(3)因襲的批評與近代的批評　(4)歸納的批評法　(5)判斷的批評法

中國文學的批評方法　王統照　晨光一卷三號　十一年十一月　內容：(1)歸納的批評　(2)判斷的批評　(3)解釋的批評

怎樣去批評人家的作品　澹雲　北京益世報十五年四月二日

批評文藝的標準是什麼　盧自然　學燈十三年五月二十六日

文學批評底觀點　鏡我　現代小說三卷一期

文藝批評的新基準　島官新三郎　錢歌川譯　北新半月刊四卷三期

論文學批評的新觀點　破艮斯基著　勺水譯　樂羣月刊二卷八期

讀屑　君實　東方雜誌十六卷一號　八年一月　內容：(1)著作與批評　(2)小說之概念

創作與批評　楊袁昌英　太平洋三卷六號　十一年六月

創作翻譯與批評之交光互影　甘蟄仙　晨報副刊十三年十二月七日

批評與創作　張秀中　世界日報週刊之五十五年十二月十九日

文學批評與創作　郭麟閣　世界日報週刊之七十六年七月十日

創作與批評　雷德禮　世界日報附刊（駱駝）十七年二月一日

## 八、文學家

### I　通論

現代文學家的責任是什麽　佩韋　東方雜誌十七卷一號　九年一月

理想之中國文學家　錢堃新　文哲學報一期　十一年三月

文學家的愉快與苦悶　章益　覺悟十一年六月三日

未來之藝術家　王獨清　覺悟十一年七月十三日　學藝雜誌四卷四號

文學者底人格　澤民　覺悟十一年七月二十三日

甚麽是作文學家必須的條件　俄萬雷薩夫著　濟之譯　小說月報十三卷九號十一年九月

文人之修養　勉人　學燈十二年一月五日

對於文藝上新說應取的態度　冰　學燈十二年二月一日

眞正的文學家與眞正的文學作品　訒生　學燈十二年十月二十二日

文史學家的性格及其預備　梁啟超　學燈十二年十一月十日

對於創作者的兩希望　王統照　晨報副刊十二年十二月一日

何謂文學的創作者　王統照　晨報副刊十二年十二月十一日

近來青年在文藝上的兩種誤解　劉技　學燈十三年十月七日

告文藝創作家　顧仲起　學燈十三年十一月十九日

未有天才之前　魯迅講　京報副刊十三年十二月二十七日

天才與伶俐　夏蔡如　語絲十六期十四年三月

藝術家的態度　金滿成　晨報副刊十四年四月五日

文藝家是不是公正的　侯聖麟　京報副刊十四年四月二十一日

文學家你走那一條　曲秋　晨報副刊十四年五月二日

文藝家思想精神底背影　王中君　現代評論二卷二十七期　十四年六月

研究文藝者底醒覺　燒天　世界日報副刊十六年一月八日

中國現今的藝術與藝術家　賀玉波　世界日報(明珠)十六年五月三十一日六月三日

藝術家對於描寫上的精神　柳風　世界日報副刊十六年三月二十九日

藝術家的使命　日武者小路實篤　湯鶴逸譯　世界日報附刊(苦果)十六年六月十五

創造與作家　王森然　世界日報附刊(駱駝)十六年七月十日

藝術家的使命　王森然　世界日報附刊(駱駝)十六年八月二十八日

美文與美文的作者　許地山　世界日報附刊(薔薇)十六年十二月二日至三日

未來派的藝術家　鄧季偉　世界日報副刊十七年五月七日

時代文學家該應怎樣努力　「金」　河北民國日報副刊十八年一月十五日

文學家　莊汀依　北新半月刊四十七至四十八期

文學家的使命　盧隱　華嚴月刊一卷一期

創作家的態度　小論　日本豐島與志雄著　張我軍譯　北新半月刊三卷十號　附莫泊三

戲劇藝術家的修養標準　劉侚達　戲劇與文藝一卷二期

文人有行　梁實秋　新月一卷二號

革命文學家　野男　明天半月刊二卷七號

藝術家與革命家　郭沫若　關于革命文學二十九至三十一頁

論無名作家　胡雲翼　北新半月刊四十七至四十八期

文學迷溺之境　李笠　孤興十期

文藝家的覺悟　郭沫若　關於革命文學三十七——至四十七頁，洪水二卷

## 2. 青年文學家

對於少年文人的暗示　O. S. Mardeu　范存忠譯　覺悟十一年五月十八日

研究文學的青年與古文　趙景深　學燈十三年二十八日

給青年文學家的商量話　波特萊爾　伏藻譯　京報副刊十四年十一月十二日

新時代對於青年文學家的要求　半華　世界日報附刊(駱駝)十七年四月四日至十一日

留給青年藝術家的幾句話　徐祖正　語絲四十三期

## 3. 小說家

**小說創作與作者** 假工　小說月報十四卷十號　十二年十月
內容：(1)作者底人生觀　(2)作者底經驗　(3)作者底想像力　(4)作者底情緒，(5)作者底思想　(6)作者底態度

**科學常識與小說家** 家秋　世界日報週刊之四十七年九月二十日

**小說的作法與作者** 洪深譯　益世報十八年七月二十四日

## 4. 詩人

**詩人與勞動問題** 田漢　少年中國一卷八期，九期　九年二月，三月
內容：(1)何謂勞動問題　(2)何謂詩歌及詩人　(3)詩的運動與勞動運動

**詩人底準備和修養** 陶老鶴　覺悟十一年十一月十九日

**月色與詩人** 盧隱　晨報附鐫十二年六月二十一日

**算學與詩人** 桐柏　晨報附鐫十二年八月六日　關於本篇的批評文章如下：桐柏君的算學與詩人的討論八月十四日；讀算學與詩人十八日；讀評算學與詩人後的感言二十三日；及讀了算學與詩人後的我見二十六日。

**山水詩家與山水詩** 賀揚靈　學燈十三年四月十五日至十七日

**抄襲的詩人** 樹聲　晨報附鐫十三年八月二十日

樂觀的詩人 開明 晨報附鐫十三年九月十九日

告詩人及藝術家 姜華 晨報附鐫十四年五月十三日

何謂戲劇詩人 熊佛西 晨報副刊十五年十一月二十九日

從布洛克說到現代的詩人 王森然 世界日報附刊（駱駝）十六年五月十五日

詩人與讀衆 趙蔭棠 晨報副刊十六年四月十八日

讀趙君蔭棠「詩人與讀衆」 胡干峯 晨報副刊十六年六月三十日

今日詩壇的禍首及明日詩人之早已產生 于賡虞 河北民國日報副刊十八年五月二十六日

近代的詩人 Richand Meyen 著 于若譯 莽原合本一卷下册

萬物之聲與詩人 日本，北村透谷 侍桁譯 語絲四卷八期

詩人與通曉 趙蔭棠譯 華嚴月刊一卷四期

詩人與批評家 高山樗牛 侍桁譯 北新月刊二卷十九號

## 5. 批評家

反對含淚的批評家 風聲 晨報副刊十一年十一月十七日

批評與批評家　成仿吾　創造週報五十二號十三年五月

批評家之天才　金滿成　晨報副刊十四年二月二十五日

批評家的職務　美，門肯　傅東華譯　文學週報四卷

批評中的人格　李霽野譯　莽原合本二卷下册

批評家的要德　語堂譯　北新半月刊三卷二十二號

## 6. 文學家和讀者

對於文學作者應有的理解　沅君　語絲十期十四年一月十九日

作家與讀者　王森然　世界日報附刊(駱駝)十六年六月十九日

導演家　謝韻心譯　戲劇與文藝一卷一期

藝術家和他底聽衆　李霽野　未名一卷五期

## 7. 文學家和其他

幻想與文學家　觀瀾　北京益世報十七年九月十九日

文豪與世界　羅琛　大公報十八年二月九日

作家與人生　王任叔　貢獻旬刊二卷五期

文學天才與經濟條件　Mare Jekoweyr　江思譯　語絲五卷十八期

## 九、文學研究法

### I. 通論

研究中國文學的途徑　章太炎　教育雜誌增刊(即名人演講集湖南省教育會)十年六月

文學研究法　吳宓　學衡二期十一年二月

研究文學的方法　鄧演存譯　小說月報十四卷一號至六號　十二年一月
內容：第一章：(1)文學的性質與原素　(2)文學人格的表現　(3)著作者的研究　(4)著者的傳略　(5)風格的研究人格的索引　第二章：(1)文學之歷史的研究　(2)文學社會的產物　(3)泰納文學進化公式　(4)文學之歷史研究裏的比較方法　(5)風格的歷史研究　(6)文學技術的研究

文藝鑑賞上之偏愛價值　郁達夫　創造週報十四號　十二年八月二十六日
內容：偏愛價值有：(1)病的心理的偏愛　(2)趣味性格上的偏愛，(3)一般的偏愛

研究文學的幾條方法　盧自然　學生雜誌十卷十二號　十二年十二月
內容：(1)作者背景的研究　(2)作者之境遇及其哲學　(3)文學作品本身的研究

怎樣去研究中國文學　劉闓風　學燈十三年八月十二日

研究文學底方法與目的的兩詩人之意見　淦克超譯　學燈十三年十月三十一日

文學的研究和鑑賞　任白濤　小說月報十六卷一號
內容：(1)文藝的本質與使命　(2)古典的研究　(3)外國文藝的研究　(4)甚麼與怎樣　(5)內容與外形　(6)大文藝的特質

文學欣賞引論　胡雲翼　晨報副刊十四年八月二十日至九月十日

我們研究中國文學應取的態度　張壽林　京報附設之第六種週刊十四年十月十七日

我們為什麼要研究中國文學　何子京　京報附設之第六種週刊十四年十一月二十一日

研究文學的方法　蔭棠　世界日報副刊十六年三月七日至九日

怎樣去讀人家的作品　瀞雲　北京益世報十五年四月一日

研究文學的方法　廬隱　世界日報附刊(薔薇)十六年十二月六日至七日

研究與創作　胡寄塵　小說世界二卷七期

盎特魯博士之讀書法　陸守經　大中華二卷七期

文學底誦讀與賞鑒　釆眞　現代評論五卷一〇九期

文學賞鑒法　胡寄塵　小說世界十五卷五期

致本刊編者論歷史之方法與藝術書　張爾田　大公報文學副刊十八年六月十七日

俄國現今文學研究的方法問題　Voznesensky　當代三編

對於文學應有的理解　沅君　語絲十期

內容：作者的生平固可與作品互證，但是不可太拘泥了。

讀書雜談　魯迅　北新半月刊四十七至四十八期

研究中國文學的新途徑　鄭振鐸　小說月報十七卷號外

與人論學文之法　菡誨　進步十五冊

整理中國文學的提要　西諦　文學五十一期

2. 歌謠研究法

我們為什麼要研究歌謠　常惠　歌謠週刊二，三，兩號　十一年十二月三十一日

怎樣研究歌謠　楊世清　歌謠週刊十二年二月

幾首可作比較研究的歌謠　常惠　歌謠週刊四號　十二年一月七日

歌謠調查的根本談　黎錦熙　歌謠週刊增刊十二年二月

我的研究歌謠　何尤　歌謠週刊十二年二月

我對於研究歌謠發表一點意見　邵純熙　歌謠週刊十三號　十二年四月八日

對「我對於研究歌謠發表一點意見」的商榷　白啟明　歌謠週刊十四號　十二年四月十五日

從詩經中整理出歌謠的意見　顧頡剛　歌謠週刊三十九號　十二年十二月三十日

我今後研究歌謠的方法　許竹貞　歌謠週刊四十二號　十三年一月二十日

研究歌謠該打破的幾個觀念　孫少仙　歌謠週刊四十三號　十三年一月二十七日

歌謠的比較的研究法的一個例　Q　歌謠週刊四十六號　十三年三月九日

一首歌謠整理研究的嘗試　董作賓　歌謠週刊六十四號　十三年十月九日

## 3. 詩詞研究法

詩經研究法　金受申　北京益世報十五年二月二十日至二十五日

詩之鑑賞的態度　成熙　洪水二卷

研究詞集之方法　任二北　東方雜誌二十五卷九號

## 4. 小說戲劇研究法

論小說的瀏覽和選擇　魯迅　語絲四十九期

怎樣研究一個劇本　陳治策　睿湖期刊一期

中國戲劇脚色之唯物史觀的研究　黃素　南國月刊第五六期合刊

## 5. 文學史研究法

組織「中國文學史」「研究會」問題　曹聚仁　覺悟十一年十一月十三日

怎樣研究中國文學史　渭川　學生雜誌十卷七號　十二年七月

文學史方法　黃仲蘇譯　少年中國四卷十期十三年二月

一種研究文學史的新方法　仲雲　學燈十三年六月二日至九日

中國文學史上的幾個重要問題　胡小石　新晨報副刊十八年九月十一日至十二日

不著名的文人作品　沅君　語絲十期

內容：主張選文藝爲總集編文學史，均當選錄無名氏或不著名的作品，以代表一代文學之精神。

中國文學史研究會的提議　馥泉　文學五十五期

中國俗文學史研究底材料　日本狩野直喜著　汪馥泉譯　語絲四卷五十二期

### 6. 其他

國語文法的研究法　胡適　新青年九卷二號至四號　十年六月

研究童話的途徑　趙景深　學燈十三年二月十一日

史傳文研究法　張爾田　學衡三十九期　十四年三月

內容：（1）總論　（2）論史與其他敘事文之不同　（3）論史有成體之文與不成體之文　（4）論史有六家之體　（5）……

## 十、文學與其他

### 1 文學與自然

文學的作品與自然　王統照　晨報副刊十二年七月十一日

自然與藝術　郭沫若　創造週報十六號　十二年八月二十一日

文學與地域　王伯祥　學燈十二年九月二十四日

楊柳與文學　任維焜　學生雜誌十五卷三號

文學的方輿色彩　李雁晴　孤興七，八期合刊

### 2 文學與時代

近代文學與世紀末　李伯昌　覺悟十四年四月二十七日　文學半月刊誕生號

新時代與文藝　日本，金子筑水　魯迅譯　京報副刊（莽原）十四年七月二十四日

時代與文學　杏南　世界日報附刊（駱駝）十六年五月一日

文學與時變　桑戴克著　趙蔭棠譯　世界日報週刊之五　十六年六月十七日

文藝與時代　姚方仁　文學週報七卷十四期

時代與超時代　陳醉雲　貢獻旬刊三卷五期

作品與時代　王任叔　貢獻旬刊三卷三期

## 3. 文學與人生

人的文學　周作人　新青年五卷六號　七年十二月

文藝與人生　楊賢江　學生雜誌八卷八號　十年八月

文學與人生　曉風　覺悟十一年二月二十日

人生與文學　謝六逸　學藝雜誌四卷三號　十一年九月

文藝與人生　湯鶴逸　民鐸雜誌五卷二號　十三年四月

文學與人生　淦克超　學燈十三年十月二十三日

文學與人生　甘蟄仙　晨報副刊十三年十二月二十七日至二十九日

生活與文學　任白濤　民鐸雜誌六卷二號　十四年二月

文學與人生　記者　大公報文學副刊十七年一月九日至二月十八日

文學與人生　高崇信　世界日報附刊(駱駝)十七年二月二十二日

文學與人生　闞恩厚　世界日報附刊(駱駝)十七年二月二十九日

文學與人生　王懋初　世界日報附刊(駱駝)十七年三月七日

藝術與人生　張元亨　世界日報附刊(駱駝)十七年五月二日

人的文學　常工　新晨報副刊十八年十一月十八日

文學與人生　記者　大公報文學副刊十八年十一月二十五日

文藝與人生　日，菊池寬著　周伯棣譯　貢獻一卷五期

創作與人生　陳醉雲　貢獻旬刊二卷九期

經驗與文藝　禹亭　明天半月刊一卷四號

事實之於文學　英A. Symons譯　石民譯　北新半月刊三卷一號

中世人的苦悶與遊仙的文學　滕固　小說月刊十七卷號外

生活和性格之與文學的關係　侍桁譯　奔流一卷二期

文學作品與人生觀察　趙景深　文學週報六卷三號

生之要求與藝術　侍桁譯　北新半月刊二卷二十一號

## 4. 文學與社會

文學革新與青年救濟　鄧萃英　新青年五卷一號　七年七月

近代文學與婚姻問題　天民　學生雜誌七卷一號　九年一月

社會改造運動與文藝　謝六逸　東方雜誌十七卷八號　九年四月

俄羅斯文學和社會改造運動　馥泉　東方雜誌十九卷五號　十一年三月

女子與文學　周作人　覺悟十一年六月七日

法國文學之社會性　張有桐　民鐸雜誌四卷四號　十二年六月

中國與文學　潘梓年　覺悟十二年七月八日

文學之社會的價值　黃維榮　覺悟十二年七月十日至十二日

文運與世運並行論　趙儼　國學叢刊一卷三期　十二年九月

英國論文之社會關係　脩雲譯　晨報副刊十三年一月二十一日

暇間與文藝　沅君　語絲二十二期　十四年四月十三日

文藝之社會的使命　郭沫若　覺悟十四年五月十八日　關於革命文學四十八至五十五頁

文學與青年　張春信記　學燈十四年五月十九日

中國與文學　長虹　京報副刊十四年五月二十九日

民衆和文學間的牆　朱大枬　京報週刊(民衆)十四年十一月十七日

文學與環境　王森然　世界日報週刊之五　十六年四月十五日

娼妓文學一瞥　朱枕薪　晨報副刊十六年六月十三日至十六日

再談娼妓文學　朱枕薪　晨報副刊十六年七月十五日至十六日

婦女之社會的地位與文藝　永正　大公報十六年十一月十五日

藝術與勞動　伯納　大公報藝術周刊十七年十二月七日

從社會進化的立塲上對於中國現代文學背景之一個觀察 蓀甫 新晨報副刊十八年四月五日

文學與時代社會之關係 王森然 國聞週報六卷三十三期

文學的社會背景 梅山 瀑布二期

文學與社會 陳煦 瀑布一期

文學與社會 張大東 國聞週報四卷七期至八期

文藝與社會 詐僚 文學週報五卷

藝術的社會化社會的藝術化 靜枝 開明一卷四號

都會生活與現代文學 日，片上伸著 侍桁譯 北新半月刊二卷二十號

俄羅斯文學之社會意義 昇曙夢著 逐微譯 大中華二卷十期

現代中國文學與社會生活 蔣光慈 太陽月刊一月號

國運與文學 宋春舫 清華週刊第四次增刊

藝術與經濟 錢杏邨 太陽月刊六月號

文學與國民性 趙景深 北新半月刊三卷二十四號

藝術與民衆的精神　王中君　今日二卷二號

文學與民意　小泉八雲講　張文亮譯　北新半月刊三卷七號

美國文藝與婦女的勢力　祁森煥譯　婦女雜誌九卷二號

文學與女子　李笠　厦大周刊二〇九期

## 5. 文學與革命

俄國文學與革命　沈雁冰譯　學燈十二年十一月十二日

宣傳與創作　廚川白村著　任白濤譯　小說月報十五卷十號十三年十月

革命與藝術　柯仲平　河北民國日報副刊十八年二月六日至十日

文學與革命　水天同譯　大公報文學副刊十八年八月十九日至二十六日

革命與文學之關係　叔鑫　益世報十八年九月十一日

十月革命與俄羅斯文學　蔣光赤　創造月刊彙刊一集

法國革命對於文學影響　夏康農　春潮月刊一卷三期

羅曼主義與革命　V.F.Calveiton　李霽野譯　未名二卷四期至五期

藝術與宣傳 熊佛西 戲劇與文藝一卷七期

文學與宣傳 莫索 文學週報六卷二十一期

文學與主義 靜淵 豈明 語絲一一九期

新時代的藝術與革命 王毅純 努力青年三期

文學與革命的討論 瞿菊農 評論之評論一卷四期(未見原刊)

文學與革命 梁實秋 新月一卷四期

冷靜的頭腦——評駁梁實秋的文學與革命 馮乃超 創造月刊二卷一期

革命與文學 僧映佛 綺虹一期

文學與革命 鄭西諦 評論之評論一卷四期 未見原刊

論革命與文藝 禹亭 明天半月刊二卷三期

革命與文學 郭沫若 關於革命文學四至十八頁 創造月刊彙刊一集

## 6. 文學與戰爭

法國反軍國主義的文學 倘一 東方雜誌十九卷二十號 十一年一月

戰爭與文學　路易譯　學燈十二年三月十一日

歐洲大戰與文學　沈雁冰　小說月報十五卷八號　十三年八月

內容：(1)發端　(2)文學家對於戰爭的態度—贊助者，(3)文學家對於戰爭的態度—反對者　(4)不譚戰事的青年文藝家　(5)戰爭文學一瞥—小說，(6)戰爭文學一瞥—詩歌　(7)戰爭文學一瞥—戲曲。

非戰文學雜譚　雁冰　學燈十三年八月二十五日

文學與戰爭　劍三　晨報副刊十三年九月二十一日

戰爭與文學　傖父　東方雜誌十二卷五號　十四年五月

大戰爭給與藝術上的影響　晉少飛　京報副刊十四年七月十八日

大戰在文藝上的結果　英，戈斯著　冬芬譯　語絲五卷二十四期

## 7. 文學與性慾

變態性慾與文藝　鶴逸　晨報副刊十七年二月十四日至十五日

性愛在文學中的活動　甘師禹　世界日報副刊十七年五月二十二日六月五日七月三十日

近代文學上之兩性問題　李宗武　晨報副刊十四年四月二十二日至二十九日

病的性慾與文學　日本，廚川白村著　仲雲譯　小說月報十六卷五號　十四年五月

文藝與性慾　仲雲譯　小說月報十六卷七號　十四年七月

中國文藝上的食與性　王任叔　北新半月刊二卷八號

中國文學內的性慾描寫　沈雁冰　小說月報十七卷號外

耶的卜司錯綜與文藝　契可親　北新半月刊二卷十四號　註：耶的卜司錯綜(Oekcyus comjlex)即基於希拉的傳說：相傳耶卜司殺其父而與其母結婚這個事象，最能代表性慾的錯綜(故名曰耶的卜司錯綜)其中包三個錯綜：1〔父女錯綜〕2〔母子錯綜〕3〔兄弟姊妹錯綜〕

文藝與性慾　綠蕉　長夜半月刊一期

近代文學上的新性道德　點盦　婦女雜誌十一卷一號

## 8. 文學與感情

文藝與實感　張壽林　京報附設之六種週刊十四年七月十一日

文學與魔力　王森然　世界日報週刊之五，十六年四月一日

文藝與情感的教育　慭之　陸棠　世界日報附刊(駱駝)十六年七月十七日

從文藝中看東方人的親子之愛　國新　北京益世報十七年八月四日至十八日

文學與情緒　方光燾　創造月刊彙刊一集

蝸遜論心理學與文學　譯　大公報文學副刊十七年九月十七日

精神分析與文藝　佚名　學燈十二年一月一日至二月十一日

「誠」與文學　英喬治　傅東華譯　文學週報四卷

## 9. 文學與哲學

哲學與文藝　胡浩川　學燈十三年十月十二日

理學家與文學　子美　京報十四年三月十八日

文學與哲學　李秀岩　世界日報副刊十五年九月十一日

文學與玄學　景昌極　學衡六十三期

## 10. 文學與科學

文學與科學　汪遠楷譯　學燈十二年三月二日至七日

論科學哲學與文藝　從予　學燈十四年三月四日

近代文學與科學　徐霞村　世界日報副刊十五年十二月十五日

科學與文藝　趙蔭棠　明天半月刊一卷四號

科學與文藝　禹亭　明天半月刊二卷二號

## II. 文學與其他

新思想與新文藝　愈之等　東方雜誌十八卷一號　十年一月
內容：1 威爾士(O. H. G. Wells)的新歷史（愈之）　2 佛耶西訪
問記（馬鹿）

新思想與新文藝　愈之等　東方雜誌十八卷二號　十年二月
內容：1 槃泰耶拿的理性生活觀…（愈之）　2 梭羅古勃—一個空
想的詩人（愈之）　3 諾貝之獎金最近消息（馬鹿）

世界語與其文學　愛羅先珂講　胡適譯　李小峰筆記　覺悟十一年三月十日續
晨報副刊十一年三月二十五日

論新舊道德與文藝　邵祖平　學衡雜誌七期十一年七月

專門術語與文藝　澄澤　覺悟十三年三月四日

常識和文藝　黃鵬基　京報副刊（莽原）十四年十一月十三日

音樂與文學的握手　豐子愷　小說月報十八卷一號

夢與文學　王明道　燕大月刊一卷一期

敎育家與文學　舒新城　北新半月刊二卷二號

文綱與文學　胡愈之　文學周報五卷

文學與年齡　哲生　東方二十五卷一號

## 十一、各國文學

### 1. 通論

世界文學史　吳宓譯　學衡二十八期至二十九期　十三年四月

內容：(1)緒論　(2)東方各國文學　(3)聖經之文學

評美子女士世界文藝批評史　餘生　大公報文學副刊十八年五月二十日

### 2. 東方各國文學

#### (1) 中國文學

##### A 通論

文章源始　劉光漢　國粹學報第一年一册　光緒三十四年

論文章源流　田北湖　國粹學報第一年二册至六册　光緒三十四年

論文雜記　劉光漢　國粹學報第一年四册至十册　光緒三十四年

析字篇　劉光漢　國粹學報第一年十一册　光緒三十四年

**記事篇** 劉光漢 國粹學報第一年十二册 光緒三十四年

**耀采篇** 劉光漢 國粹學報第二年二册 宣統元年

**文學源流** 羅惇曧 國粹學報第二年四册至九册 宣統元年
內容：(1)總論(2)三代以上文學，(a)論書 (b)論易 (c)論詩 (d)論禮 (e)論春秋 (f)論緯 (g)周秦諸子總論 (h)論荀孟 (i)論老子 (j)論莊子 (k)論列子 (l)論揚子 (m)論墨子 (n)論管子

**文學論略** 章絳 國粹學報第二年九册至十一册 宣統元年 按章絳卽章炳麟

**文筆詞筆詩筆考** 劉師培 中國學報第一册 五年一月

**文筆說** 王馨祥 國故第一册 八年

**文說五則** 劉師培 中國學報第一册 五年一月 華國月刊一卷七號
內容：(1)明儷文律詩爲諸夏所獨有 (2)申明文詁俾學者顧名思義 (3)詮明齊梁文詞於律爲進 (4)詮明沈思翰藻弗背文律 (5)明六朝以前之文必當研習

**文章誌要** 周祺 中國學報第四册五册 五年四月
內容：(1)序志篇 (2)稽古篇 (3)從周篇 (4)誂秦篇 (5)述漢篇 (6)……

**廣阮氏文言談** 劉師培 中國學報第四册 五年四月

與人論文書　劉師培　中國學報第五冊　五年五月

遂思齋文論　薛祥綏　國故月刊第一第二期　八年
內容：(1)文域　(2)文資　(3)文派

中國文藝界之病根　孟眞　新潮一卷二號　八年二月

文德篇　繆鳳林　學衡三期十一年三月
內容：(1)不志乎利　(2)不趨時勢　(3)不徇衛　(4)不濫著述　(5)不輕許可

文情篇　繆鳳林　學衡七期十一年七月

文義篇　繆鳳林　學衡十一期十一年十一月
內容：(1)中國人之文學界說　(2)西洋人之文學界說

中國文學演進之趨勢　陳鐘凡　文哲學報一期十一年三月

中國文學通論　劉永濟　學衡九期十一年九月
內容：(1)我國歷來之文學概念　(2)文學之分類　(3)文學之工具，(4)研究我國文學應注意者何在？

討論文學的一封信　望道　覺悟十一年十一月十二日

純散文　劍三　晨報附鐫十二年六月廿一日

文章學綱要序論　顧實　國學叢刊一卷三期十二年九月
容容：(1)文章學之名義　(2)文章學之效用　(3)文章學之

源流　(4)本書之組織

中國文學以六藝爲心本說　陳兆鼎　華國月刊一卷五期　十三年一月

古文的悼亡作品　陳楚材　學燈十三年三月七日，八日。

我們需要怎樣的文藝　澤民　覺悟十三年四月二十八日

古人的自寫作品　彭養善　學燈十三年四月二十二日

治古文之意義與價值　佚名　學燈十三年五月十二日

中國今日應提倡的是何種文學　熊裕芳　學燈十三年五月十四日至十五日

內容：(1)文學的起源　(2)文學的要素　(3)文學的價值　(4)結論

文詣篇　劉永濟　學衡第四十九期

文鑒篇　劉永濟　學衡三十一期　十三年七月

我們現在所需要的文學作品　周閬風　學燈十三年七月十八日

中國文學觀念的進化　楊鴻烈　京報副刊十三年十二月五日至九日

文章流別新編序　方隸　學衡雜誌三十九期十四年三月

中國文學之未開闢的領土　朱光潛　東方雜誌二十三卷十一號

中國文學不能建至發展之原因　雁冰　文學週報四卷

中國文學之地方的背景　種因　學生雜誌十四卷六號

中西文藝復興之異同　何基　南開大學周刊六十一期

中國文學在世界上的地位　傅彥長　文學週報四卷

中國文學的新途徑　陳翔冰　秋野二卷四期

中國文學演進之趨勢　郭紹虞　小說月報十七卷號外

中國文學二源論　段凌辰　孤輿一期

文藝論　王佛影　華北文藝新刊　創刊號

文學觀　金一　國粹學報三卷七號

中國文學論略　胡樸安　國學周刊國慶日增刊

文學總略　章絳　國粹學報六卷五號

文學要略　林損　唯是第一册

文譜　陸紹明　國粹學報二卷三號

文誦篇　劉樸　學衡四十六期

文說序　劉光漢　國粹學報第一年十一册

文說　劉光漢　國粹學報一卷十一號至二卷三號

文筆辨　胡懷琛　小說世界十四卷七期

文筆辨　鍾應梅　厦門大學文科半月刊一期

文例舉偶　劉師培　國粹學報三卷十號

文例釋要　劉師培　國粹學報五卷一號

文章流別論與翰林論　郭紹虞　燕大月刊五卷三期

論說出於縱橫辨　胡懷琛　小說世界十四卷二十期

實用文概論　張小台　孤興九期

古文秘訣　周作人　語絲十九期

古文譚　林紓　國學月刊一卷一期

復李審言論駢文書　孫德謙　亞州學術雜誌四期
注駢紀要　稣佛　坦途七至十一號
復王方伯論駢體書　孫德謙　亞洲學術雜誌一期
韻文與駢體文　嚴既澄　小說月報十七卷號外
駢詞無定字釋例　劉師培　國粹學報三卷八號
紅葉山房論文　顧玄　坦途七號至八號
湘綺樓論詩文體法　王闓運　國粹學報二卷十一號
湘綺樓論文　王壬秋　國粹學報二卷十號至四卷一號
章實齋的文論　李振東　現代評論六卷一三四期　燕大月刊一卷二期
劉勰的作文法論　戚維翰　學生雜誌十五卷九號
再答友人論文書　李賡　學衡二十五期
與說難論文學書　康達宭　雅言四期
致法國友人摩南書　王獨清　洪水三卷三十一期

和聲篇　劉光漢　國粹學報第二年一冊　宣統元年

中國韵文裏頭所表現的情感　梁啓超　改造四卷六號　並載於中等以上國文教學法　十一年二月

中國今後的韻文　傅東華　學燈十三年三月三十一日

讀了「中國今後的韵文」以後　崔鴻雁　學燈十三年四月八日，九日

中國今後韵文討論　傅東華　學燈十三年四月十四日

中國今後韻文問題再與傅君商榷　崔鴻雁　學燈十三年四月二十三日

中國今後韵文問題　傅東華　學燈十三年四月二十八日

中國今後韵文問題和傅東華君最後的一個商榷　崔鴻雁　學燈十三年五月六日，七日。

隱態繪聲　孽黃　現代評論三卷六十四號

駢體文林序　孫德謙　學衡二十五期

傳經室文集序　張爾田　學衡二十六期

## B　各代文學

周代南北文學之比較　陳鐘凡　國學叢刊一卷三期十二年九月

周秦法家仇視文學評議　陳光謇　國學叢刊一卷三期　十二年九月

儒道二家論『神』與文學批評之關係　郭紹虞　燕京學報四期

先秦儒家之文學觀　郭紹虞　睿湖期刊第一期

諸子文學略說　顧實　國學叢刊二卷二期　十三年六月

論楚人之文學　王會稼　國學叢刊一卷一期　十二年三月　內容：（1）聲律，（2）物色，（3）情色，（4）想像

周季文史之分途及文化之派別　顧實　國學叢刊一卷一號

西漢文學通論　失名　益世報十八年四月二十四日——五月九日

兩漢之巾幗文學　兒島獻吉郎作　木華譯　益世報十八年十二月十七日——二十八日

三國六朝的平民文學　胡適　國語月刊一卷二期、十一年三月

評建安文學與齊梁文之優劣　周秉圭　中大季刊一卷二號

魏晉文藝批評之趨勢　王職昌　國學叢刊三卷一期

魏晉風度及文章與藥及酒之關係　魯迅　北新半月二卷二號　按已收入而已集內

六朝已前中國文學變遷之大勢　黃德原　厦大周刊二一六期

論六朝駢文　孫德謙　學衡二十六期

南北朝文學概論　作舟　北京益世報十五年一月十三日——二月二十日

韓柳歐蘇文之淵源　胡懷琛　小說世界十五卷十六期

五代文學　鄭振鐸　小說月報二十卷五號

明代復古派與唐宋文派之潮流　夏崇璞　學衡九期　十一年九月
內容：自唐以來文學界有三大運動：（1）退之變駢儷（2）永叔之更西崑（3）明前七子與唐宋派之衝突

論近代文學之變遷　劉師培　國粹學報二十六期第三年第一册

太平天國文學的鱗爪　簡又文　語絲六十七期

中國文學年表　鄭振鐸　小說月報十七卷號外

六朝麗指序　孫德謙　學衡二十三期　十二年十一月

中國五十年來之文學　胡適　申報最近之五十年　十一年　已印行單行本

評胡適五十年來中國之文學　胡先驌　學衡十八期　十二年六月

評五十年來中國文藝　甘蟄仙　晨光一卷一號　十一年五月

現代中國文學批評　李辰冬　華嚴月刊七期

近年來中國之文藝批評　梁實秋　東方二十四卷二十三號

民國十年以來文學的革新　羅汝榮　學林雜誌民國十年紀念號

關於中國今日的文藝界　高蹈　河北民國日報十八年一月三十日副刊

近年來中國文藝之趨勢　樸　新晨報副刊十八年五月二十三日

中國近代文學之變遷　齊　大公報文學副刊十八年九月三十日

關於現代中國的文學作品　傅平溪　新晨報副刊十八年九月十日

現代中國文學之浪漫的趨勢　梁實秋　至三十一日　晨報副刊十五年三月二十五日至二十九日

近來的創作界　劍三　晨報副刊十二年九月二十一日

## C　各地文學　附桐城派

常州文學之回顧　顧惕生　國學周刊二十三至二十六期　國學彙編一集

中國地方文學的一斑　胡懷琛　小說世界二卷三期

潮州平民文學的歷史　林培廬　中大季刊一卷四號

寶坻縣一帶的民間文藝　霍廣華　民俗五期

湖南民間文藝一瞥　逸之　民俗四十期

北方平民讀物的研究　莊澤宣　現代評論三卷七十四期

桐城派古文評價——近古文學的一段　陳問濤　學燈十二年九月七日至十五日

桐城派文章的研究　厲谷靜　覺悟十四年五月十八日至二十五日

論桐城派　李詳　國粹學報四卷十二號

桐城派古文說　林琴南　民權素十三集

桐城文派　胡懷琛　國學一卷一期

## D　白話文

### （a）通論

科學的文學建設論　施畸　學藝雜誌三卷二號至四號　十年六月

第二次建設的文學革命論　吳其祥　覺悟十一年七月二十九日

中國的文藝中與　蔡元培　東方雜誌二十一卷十三年二月

現代新文學的概觀 魯迅 未名半月刊二卷八期

新文學的二大潮流 周作人 綺虹一期

中國新文學的將來與其自己的認識 甘人 北新半月刊二卷一號

新文學的將來 楊振聲 文學一期 國立清華大學校刊增刊

我所覺到過去的新文藝 君亮 貢獻旬刊一卷六期

從文學革命到革命文學 成仿吾 創造月刊一卷九期

革命文藝與文藝革命 鄧紹先 致力半月刊一卷四期

論體裁描寫與新文藝 黎錦明 文學周報五卷

## (b) 白話文和古文

文學改良芻議 胡適 新青年二卷五號 六年一月

文學革命論 陳獨秀 新青年二卷六號 六年二月

我之文學改良觀 劉半農 新青年三卷三號 六年五月

改良文學之第一步 易明 新青年三卷五號 六年七月

文學革命新申義　傅斯年　新青年四卷一號　七年正月

文言合一草議　傅斯年　新青年四卷二號　七年二月

言文合一平議　張煊　國故月刊一期　八年

新文學之運用　俞慧殊　新青年四卷三號　七年三月

文學革命之反響　王敬軒　新青年四卷三號　七年三月

建設的文學革命論　胡適　新青年四卷四號　七年四月

論文學改革的進行程序　盛兆熊　新青年四卷五號　七年五月

革新文學及改良文字　朱我農　新青年五卷二號

新文學問題之討論　朱經農　新青年五卷二號

中國文學改良論　張煊　國故四期　八年
內容：（1）客觀與主觀　（2）明顯與奇奧　（3）修飾與自然
（4）因故與創作　（5）繁與簡

對於革新文學之意見　張壽鏞　新青年六卷一號

新文體　李劍忠　新青年六卷一號　八年一月

怎樣做白話文 傅斯年 新潮一卷二號 八年二月

文學革命與文法 周祜 新青年六卷二號 八年二月

對於文學改革之意見二則 彝銘氏 新青年六卷二號 八年二月

中國文學改良論 胡先驌 東方雜誌十六卷三號 八年三月

駁胡先驌居的中國文學改良論 羅家倫 新潮一卷五號 八年五月

改良文學與更換文學 張紘 新青年六卷三號

非折中派的文學 朱希祖 新青年六卷四號 八年四月

白話文的價值 朱希祖 新青年六卷四號

新舊文學之衝突 李浩然 新中國一卷一號 八年五月 東方雜誌十六卷九號八年九月

白話文與心理的改革 傅斯年 新潮一卷五號 八年五月

論新舊文學 徐一士 張丹斧 新中國一卷二號 八年六月

白話的價值 朱希祖 新潮一卷六號 八年六月

關於新文學的三件要事 潘公展 新青年六卷六號

新舊文學平議　姬式軌　新中國一卷五號　八年九月

新舊文學平議之平議　雁冰　小說月報十一卷一號　九年一月

論通俗文　傖父　東方雜誌十六卷十二號　八年十二月

論禁白話文　高疇　東方雜誌十七卷二號　九年一月

文學革命的商榷　貞晦　東方雜誌十七卷三號　九年二月

新文學的問答　晴霓　曙光一卷四號　九年二月

我的白話文學研究　吳康　新潮二卷三號　九年二月

通俗文與白話　徐民謀　東方雜誌十七卷五號　九年三月

新文學概論　瑟廬譯　新中國二卷三號至七號　九年三月
內容：(1)前編爲文學通論　(2)後編爲文學批評論

我的新舊文學觀　蔣善國　東方雜誌十七卷八號　九年四月

爲研究新文學者進一解　雁冰　改造三卷一號　九年九月

對於談新文學的意見　智蓀　改造三卷十號　十年六月

桐城古文學說與白話文學說之比較　徐景銓　文哲學報一期　十一年三月

禪宗的白話散文　胡適　國語月刊一卷四期十一年五月

文言白話和美醜問題　陳望道　覺悟十二年三月二十二日

關於白話文的意見　典琦　易山等　覺悟十二年三月二十六日

新文學之使命　成仿吾　創造週報二號　十二年五月九日

對於白話文的討論　隣道等　覺悟十二年三月九日至二十九日

文言白話之爭底根本問題及其美醜　澤民　覺悟十二年三月二十九日

文學之研究與近世新舊文學之爭　江遠楷　國學叢刊一卷三期　十二年九月

再論吾人眼中之新舊文學觀　吳芳吉　學衡二十一期十二年九月

三論吾人眼中之新舊文學觀　吳芳吉　學衡三十一期　十三年一月

四論吾人眼中之新文學觀　吳芳吉　學衡四十二期

新文學商榷　汪東　華國月刊一卷二期　十二年十月

自稱「研究新文學者」底文氣談　陳望道　覺悟十三年四月八日

論文學無新舊之異　曹慕管　學衡三十二期　十三年八月

新與舊　西諦　學燈十三年八月二十五日

新文學的希望　長虹　京報副刊(莽原)十四年五月二十二日

古文與寫信　凱明　京報附設之第七種週刊十四年八月二日

國語文　杜子觀　京報附設之第七種週刊十四年八月二日

國語文學談　周作人　京報副刊十五年一月二十四日

死文學與活文學　周作人　大公報十六年四月十五日

新文學的歷史觀　黎錦熙　河北大學週刊一期

白話文學駁義　梁家義　甲寅週刊一卷三號

文學管窺　孫世揚　華國月刊一卷一號

新文體之一夕談　繆程淑儀　婦女雜誌六卷一號

論語體文　陳䧺　甲寅周刊一卷十五號

我之國語觀　張一麐　教育叢刊一卷一集

國語的進化　胡適　新青年七卷三號

國語問題的我見　李思純　少年中國一卷六號

國語改造的意見　周作人　東方雜誌十九卷十七號

文言文的優勝　唐擘黃　現代評論四十三期

國語和國文有什麽區別　楊嘉椿　學生雜誌十四卷二號

中國言文問題　莊澤宣　新教育四卷五期

文俚平議　孤桐　甲寅周刊一卷十三號

文體平議　陳德基　甲寅周刊一卷三號，四號

文話平議　王力　甲寅周刊一卷三十五號

文體說　瞿宣穎　甲寅周刊一卷六號

國文之將來　蔡孑民　教育叢刊一卷一集　新教育二卷二期

國語與聲韻學　黎錦熙　中華教育界八卷五期；九卷二期

答謝祖堯書　劉樸　學衡四十四期

## （C）白話文和國語

新文學與今韻問題　錢玄同　新青年四卷一號　七年一月

新文學與新字典　沈兼士　新青年四卷二號　七年二月

寫白語與用國音　郭惜齡　新青年六卷六號　八年六月

同音字之當改與白話文之經濟　陳懋治　新青年六卷六號　八年六月

修辭學與語體文　陸殿揚　東方雜誌十七卷十二號　九年六月

語體文應用字彙　陳鶴琴　新教育五卷五期

國語統一問題　張士一　新教育三卷四期

國語標準與國語　胡適　新教育三卷一期

新文學和國語　黎錦熙　綺虹一期

上海語應該是文學之用語的說明　傅彥長　文學週報四卷

（d）白話文學運動

國語運動與文學　胡適講　晨報附鐫十一年一月九日

整理國故與新文學運動　鄭振鐸等　小說月報十四卷一號　十二年一月　內共六篇：（1）新文學之建設，與國故之新研究；（2）

我們對於國故應取的態度；(3)國故的地位；(4)整理國故與新文學運動；(5)韻文及詩歌之整理；(6)心理上的障礙。

整理舊文學與新文學運動　胡夢華　學燈十二年二月二十日

我們的文學新運動　郭沫若　創造周報三號　十二年五月十八日

新文學之警鐘　鄭伯奇　創造周報三十一號　十二年十二月

答雁冰先生——提倡新文學　趙景深　學燈十三年三月十日

文學界的反動運動　雁冰　學燈十三年五月十二日

新文學運動之緣起　李振東　戲劇與文藝一卷四期

評新文學運動　孤桐　甲寅周刊一卷十四號

咒甲寅十四號的評新文學運動　郁達夫　現代評論四十九期

## (e)白話文學史

糟糕的國語文學史　衣萍　晨報副刊十三年八月七日至十二日

國語文學史大要　胡適之　國語月刊二卷二期　十三年九月

評胡適白話文學史上卷　素癡　大公報文學副刊十七年十二月三日

胡適白話文學史之批評　大公報文學副刊十八年五月二十七日

讀胡適之白話文學史　楊次道　一般六卷三號

評胡適之白話文學史　張大東　國聞週報六卷二十二期

## E　文學史

中國文學史分期之研究　傅斯年　新潮一卷二號　八年八月

購來一部「中國文學沿革概論」　周閬風　學燈十三年八月八日

文學批評與編輯中國文學史　和　晨報副刊十三年十月十五日

評梁乙眞清代婦女文學史　燕雛　大公報文學副刊十七年六月十八日

評趙景深中國文學小史　盞舟　大公報文學副刊十七年九月三日

評顧實中國文學史大綱　澤陵　大公報文學副刊十八年八月十二日

中國文學史略　胡懷琛　國學周刊十二期至四十一期　國學彙編第二集

中國文學批評史上之「神」「氣」說　郭紹虞　小說月報十九卷一號

## F　修辭學和文法

國文典式例　傖父　東方雜誌十五卷八號　七年八月

修辭學的題目　黃介石　新青年六卷一號　八年一月

醜的字句　仲密　晨報附鐫十一年六月二日

讀仲密先生的「醜的字句」　實秋　晨報附鐫十一年六月二十五日

一封討論醜字句的信　景超　晨報附鐫十一年七月十二日

聯緜字在文學上的價值　吳文祺　覺悟十二年二月二十六日

中國修辭學史畧　胡光煒　國學叢刊一卷一期至二卷一期
內容：(1)釋名　(2)述西洋脩辭學之變遷　(3)中國修辭學

修辭及用字　金文耿　學燈十二年十一月二十八日

修辭在中國的使命　陳望道　學燈十三年七月二十八日

修辭學的中國文學觀　陳望道　立達季刊一卷一期　十四年

中國修辭學幾個根本問題　何爵三　努力學報一期

古代語底文法雜談　黎錦熙　瀑布三期

國文中之倒裝賓語　楊樹達　清華學報第六卷第一期

文學圖說　胡懷琛　婦女雜誌六卷一號

續文學圖說　胡懷琛　婦女雜誌六卷四號

G　專著

文心雕龍的研究　楊鴻烈　晨報副刊十一年十月二十四日至二十九日

文心雕龍札記　黃侃　晨報副刊十四年四月十日至十三日　華國月刊二卷五，六，十號至三卷一，三號

文心雕龍附會篇評　黃侃　新中國一卷三，四號

補文心雕龍隱秀篇　黃侃　華國月刊一卷三號

文心雕龍夸飾篇評　黃侃　新中國一卷二號

讀文心雕龍　陳延傑　東方雜誌二十三卷十八號

唐寫本文心雕龍殘卷校記　趙萬里　清華學報三卷一號

文心雕龍黃注補正　李詳　國粹學報五卷八號至七卷五號

文選篇題攷誤　劉盼遂　國學論叢一卷四號

爲蕭統的文學呼冤　楊鴻烈　京報副刊十三年十二月十一日

汪容甫文箋　李詳　國粹學報七卷二號至六號

H 雜論

文學的俄國與中國　周作人　東方雜誌十七卷二十五號　九年十二月
中國文學幾項心理的研究　新青年八卷五號　十年一月　小說月報十三卷號外　十年九月
評創造季刊二卷二號　張崐玉　國文學會叢刊一卷一號　十一年十一月
民俗文學中的鴉片煙　譽嘉　學燈十三年五月三日
蝴蝶的文學　董作賓　歌謠週刊六十七號　十三年十一月九日
讀「雨天的書」　西諦　小說月報十六卷六號　十四年六月
評小說月報中國文學研究號　魏平　世界日報週刊之五　十五年十一月二十六日
讀評小說月報中國文學研究號　鏡　大公報文學副刊十七年二月十八日
評小說月報中國文學研究號　素癡　大公報文學副刊十七年二月二十七日
評呂碧城女士信芳集　鏡等　國聞週報五卷十六期至十八期
唐文粹書後　孤雲　大公報文學副刊十八年十月七日至十四日
　昂孫　民權素八集

論說部與文學之關係　劉師培　國粹學報三卷十一號

敦煌的俗文學　鄭振鐸　小說月報二十卷三號

中國俗文學三種的研究　日，青木正兒　汪馥泉譯　北新半月刊三卷四號

中國民間文學之一斑　胡寄塵　小說世界二卷四期

杜鵑研究　賈祖章　東方雜誌二十四卷七號

中國繙譯歐美作品的成績　盧白　眞美善二卷六號

翻譯中的神韻與達　虛白　眞美善五卷一號

看了眞美善創刊以後　方璧　文學週報五卷

（2）日本文學

日本人之文學興趣　TFC生　新青年四卷四號　七年四月

日本留學生與日本文學　傅彥長　新青年六卷六號　八年三月

現代日本文藝的特色　無戰　東方雜誌八卷十七號　十年九月　內容：（1）德川時代的平民文學（2）明治維新的漠視文學（3）文藝家反抗態度（4）中產階級的勢力薄弱

近代日本文學　謝六逸　小說月報十四卷十一號　十二年十一月

二十年來的日本文學　謝六逸　小說月報二十卷七號

現代日本文學雜感　侍桁　春潮月刊一卷三期

由日本文壇看來的歐美文壇的優點　陳勺水譯　樂羣月刊二卷九期

## （3）其他各國

梵文學　滕若渠　東方雜誌十八卷五號　十年三月

內容：（1）概論（2）摩訶婆羅多的本事（3）羅摩耶那的本事（4）戲曲（5）小說與童話

# 3. 歐美各國文學

## （1）通論

現代歐洲文藝史譚　陳獨秀　新青年一卷四號　四年十二月

歐洲近代文學史　明權譯　新中國一卷六號　八年十月

歐洲近代文學述　明權譯　新中國二卷二號　九年二月

歐美新文學最近之趨勢　胡先驌　解放與改造二卷十五號　九年八月

最近文藝之趨勢　羅迪先　民鐸雜誌二卷二號　九年九月

歐美新文學最近之趨勢書後　雁冰　東方雜誌十七卷十八號　九年九月　歐美新文學最近之趨勢一文係胡先驌所著，載解放與改造二卷十五號。

歐洲文藝變遷概畧　張維祺　學生雜誌八卷十二號　十年十二月

一九二一年的文學　畢樹棠譯　晨報副刊十一年七月廿七日至三十一日

北歐文學的原理　片上伸　晨報副刊十一年九月二十五日至二十八日　覺悟十一年十月一日

南北歐文藝與英國之關係　廖學章講　吳延猷記　晨報副刊十一年十一月二十四日至二十五日

讀華爾脫配德的名著兩種　子貽　學燈十二年十月八日又十二月三日　內容：(1)文藝復興研究集(2)伊壁鳩魯派者馬利阿斯

讀近代文學　仲雲　小說月報十五一號　十三年一月

文藝復興之意義　徐祖正　國文學會叢刊一卷二號　十三年一月

世界的古籍——文學大綱第一章　鄭振鐸　小說月報十五卷一號　十三年三月

中世紀的歐洲文學——文學大綱第十章　鄭振鐸　小說月報十五卷十號　十三年十月

歐洲文藝復興時代的文學——文學大綱第十七章 鄭振鐸 小說月報十六卷四號 十四年四月

現代歐洲文學的革命與反動 劉穆 小說月報二十卷七號

現代歐洲藝術及文學底諸流派 匈牙利 I.Matsa 雪峯譯 奔流二卷四號

東歐文學之概觀 日本福垣末松著 緒章譯 進步二十三冊

「文藝復興時代研究」的結論 (Walter Pater) 張定璜譯 沈鐘三期

（2） 美國

美國的文學 王靖 東方雜誌十八卷二十二號至二十三號 十年十一月

美國革命文學與貴族神精的崩壞 幼雄 東方雜誌十九卷二十號 十一年十月

美國文學批評 大公報文學副刊十七年十二月十七日

美國現代文學中之新潮流 美國穆爾 國聞週報六卷二十六期

現代美國文學概觀 陳勺水 樂羣月刊一卷七期

現代美國的文學 日北村喜八 方天白譯 北新半月刊三卷十八號

穆爾論現今美國之新文學 吳宓譯 學衡六十三期

我的美國文學觀　盧白　眞美善三卷一號

中美文學之比較觀　江東　河北大學週刊一期

清教徒與美國文學　李霽野　未名一卷四期

美國的書評事業（甘培作）　傅東華譯　文學週報八卷五號

批評家與少年美國　語堂譯　奔流一卷一期

## （3）英國

近代文學的反響愛爾蘭的新文學　雁冰　東方雜誌十七卷六號，七號　十九年二月，三月

近代英國文學概觀　愈之　東方雜誌十八卷二號　十年一月　內容：（1）英國文學的特質，（2）英國的浪漫運動　（3）近代英國小說家　（4）維多利亞時代的詩人　（5）近代戲曲家及愛爾蘭新文學

最近之英文學　化魯　東方雜誌十九卷二十號　十一年十月

十七世紀的英國文學—文學大綱第十八章　鄭振鐸　小說月報十六卷三號　十四年三月

十八世紀的英國文學—文學大綱第二十章　鄭振鐸　小說月報十六卷六號　十四年六月

英美文學的比較觀　畢樹棠　晨報副刊十四年五月十二日

英國文學史自序　歐陽蘭　世界日報附刊（駱駝）十六年十二月十九日

論現代的英國的批評及英法文藝同時的關係　趙蔭棠　河北民國日報副刊十八年四月五日七日八日

現代英文學的新影響與傾向　英 H.Williams 作　侍桁譯　奔流二卷二期

十八世紀末葉英國文學畧論　英 EdmundGosse 著　韋叢蕪譯　未名一卷七期

聖經在英文文學中的地位　張士儁　文社月刊三卷二册

英文聖經之文學的價值　日，小泉八雲述　梁指南譯　北新半月刊二卷十四號

英國文學ＡＢＣ　陳淑　新月一卷十號　註：英國文學ＡＢＣ是曾虛白著（上下二卷）世界書局出版

英國復政時代文學中的性表現　V. F. Calvertom　李霽野譯　未名六期至七期

英國文壇之漸進主義　本間久雄著　方炎武譯　北新半月刊三卷十九號

英國文學的鳥瞰　虛白　眞美善二卷五號

英國文學漫評　錢杏邨　小說月報十九卷五號

愛爾蘭文學之回顧　日野口米次郎作　魯迅譯　奔流二卷二期

## （4）俄國

俄羅斯文學之過去及將來　君實　東方雜誌十六卷四號　八年四月

俄國近代文學雜譚　雁冰　小說月報十一卷一至二號　九年一月，二月

俄羅斯文學之特質及略史　鄭振鐸　新學報二號　九年六月

俄國文學發達的原因與影響　鄭振鐸　改造三卷四號　九年十二月
內容：(1)地理的原因　(2)歷史的關係　(3)國民性的影響　(4)政治的關係　(5)外來影響

俄國文學內所見的俄國國民性　澤民　東方雜誌十八卷八號　十年四月
按此文係美國W. L. Phelps著Eassyson Russian Roaelests的第一篇全書共十一篇後十篇每篇介紹一個文學家，此篇總括全書可當俄國文學簡略史讀

鮑爾希維克下的俄羅斯文學　愈之　東方雜誌十八卷十六號　十年八月
內容：(1)著名文藝批評家的論文　(2)現今俄羅斯文壇的寂寞　(3)未來派詩與勞動作家　(4)小說壇的兩部代表著作

俄國文學的啟源時代　鄭振鐸　小說月報十二卷號外　十年九月

十九世紀俄國文學的背景　濟之譯　小說月報十二卷號外　十年九月

俄國美論與其文藝　郭紹虞　小說月報十二卷號外　十年九月

克魯泡特金的俄國文學論　沈澤民　小說月報十三卷號外　十年九月

俄國新文學的一斑　愈之　東方雜誌十九卷四號　十一年二月

俄國文學在世界上的位置　甘蟄仙　晨報副刊十一年十二月九日至十日

俄羅斯文學便覽　何畏譯　創造季刊一卷四期　十二年二月

俄國文學史略　鄭振鐸　小說月報十四卷五號至九號　十二年六月
內容：(1)緒言 (2)啓源 (3)普希金與李門托夫 (4)歌郭里 (5)屠格涅夫與龔察洛夫 (6)杜思退益夫斯基與托爾斯泰 (7)尼克拉莎夫與共同時代作家 (8)戲劇文學 (9)民衆小說家 (10)政論作家與諷刺作家 (11)文藝評論 (12)柴霍甫與安特列夫 (13)迦爾洵與其他 (14)勞農俄國的新作家

俄國文學年表　西諦　小說月報十四卷九號　十二年九月

俄國文學在世界上的位置　愛羅先珂講　周作人譯　李小峰宗甄甫合記　覺悟十一年十二月十二日

蘇俄現代文學之命運　李秉之　京報副刊十四年三月十三日

俄國文學之黑暗與光明　畢樹棠　晨報副刊十六年七月二十七日至二十九日

十四世紀南俄人之漢文學　陳垣　小說月報十七卷號外

文藝政策　A. Lunacharski　魯迅譯　奔流一卷一期至五期

現代俄國文學底共通性　韋漱園　莽原合本二卷上册

## (5) 法國

法國文學之趨勢　畢樹棠譯　晨報副刊十一年九月一日至八日

法蘭西文學批評與文學史之概畧　黃仲蘇譯　少年中國四卷九期　十三年一月
內容：（1）自文藝復興時代十八世紀之末年（2）十九世紀時代之文學批評與文學史（3）文學與語言學的考證，末有文學參考書百餘種

法國最近五十年文學之趨勢　黃仲蘇　創造週報三十七號至三十九號　十三年一月

法國文學對於歐洲文學之影響　鄭振鐸　沈雁冰　小說月報十五卷號外　十三年四月

法文之起源與法國文學之發展　胡夢華　小說月報十五卷號外　十三年四月

最近的法國文學　雷晉生　小說月報十五卷號外　法國文學研究　十三年四月
十九世紀後半至一九二三年　星海　一期　十三年八月

中產階級勝利時代的法國文學　濟之譯　小說月報十五卷號外　十三年四月
內容：（1）工業社會的哲學家聖西門（2）中產階級的歷史家巴爾札克（3）從貴族的眼光上批評中產階級的社會（4）特維尼（5）中產階級的勝利（6）普阿賴先生的女婿（7）渥齊哀（8）法國文學的社會問題（9）喬治桑特（10）平民的勞工的詩人（11）囂俄小說內的社會問題

十九世紀法國文學概論　劉延陵　小說月報十五卷號外　十三年四月

一八八零年後法國文學的園景　季志仁譯　學燈十三年八月十四日至九月二日

最近法蘭西的戰爭文學　玄珠　學燈十四年二月二十三日

十七世紀的法國文學——文學大綱第十九章　鄭振鐸　小說月報十六卷五號　十四年五月

十九世紀的法蘭西文學　全飛　京報副刊十五年一月六日

法國中古時代的文學　郭麟閣　世界日報週刊之五十六年七月二十九日八月五日

法國文學上之浪漫主義運動　世界日報副刊十七年十二月二十八日

法國文學史上浪漫主義運動　仲奇　世界日報週刊之五十八年十一月十八日至二月一日

漫談法國第十九世紀文學　羅茜瀕　世界日報附刊（春雷）十八年一月二十三日至二十四日

法蘭西底文學與革命　魯鈍　新晨報副刊十八年六月二十四日至二十六日

法國文學的特質　穆木天　創造月刊彙刊一集

談談法國騎士文學　病夫　眞美善二卷六號

法國文評　英E. Dowden講　林語堂譯　奔流二卷一期至二期

現代法國的各派文藝批評論　覺之　春潮月刊一卷四期五期六期

法蘭西近代文學　謝六逸譯（譯自日本近代文藝十二講）小說月報十五卷號外——法國文學研究，內容：（1）歐洲文藝之二大傾向（2）古典主義文學之一瞥（3）象徵派詩人（4）前期自然主義（5）後期自然主義（6）自然主義之反動期（7）批評界與劇壇（8）象徵主義——神密主義

## (6)德國

**最近的德國文學** 余祥森 東方雜誌十七卷十二號 九年六月
內容：(1)自然派與其作家 (2)新浪漫派與其作家 (3)新寫實派與其作家 (4)象徵派與作家 (5)其他派別與其作家 (6)結論

**近代德國文學概觀** 愈之 東方雜誌十八卷七號 十年四月
內容：(1)國民文學的創立 (2)哥德和席婁 (3)少年德意志的文學 (4)自然派及最近文學

**新德意志及其文藝** 化魯 東方雜誌十九卷六號 十一年三月

**德國的新文學** 畢樹棠譯 晨報副刊十一年九月十五日至十九日

**德國文學小史** 余祥森 學藝四卷四號 十一年十月

**現代德奧兩國文學** 無明譯 小說月報十四卷十二號 十二年十二月
內容：(1)德國文學之特質，(2)豪布德曼與蘇德曼，(3)鄉士藝術家及其他，(4)威德欽德及其他戲曲家，(5)德善爾和別的詩人，(6)女流作家之一瞥，(7)奧大利的三大家，(8)奧國第一女流作家及其他，(9)浪漫的特質

**最近的德國文學** 余祥森 星海一期十三年八月

**二十年來的德意志文學** 余祥森 小說月報二十卷八號

德國文學漫評　錢杏邨　小說月報十九卷三號

## （7）其他各國

亞美尼亞文學　化魯　東方雜誌十八卷五號　十年三月
內容：（1）文學和民族精神（2）古代的叙事史篇（3）詩人和歷史學家（4）歐戰中的大詩人

十九世紀及其後的匈牙利文學　沈雁冰　新青年九卷二號　十年六月

希臘文學研究　瞿世英　改造四卷五號　十一年一月

從希臘思潮到文藝復興　馥泉　覺悟十一年十二月十四日
內容：（1）十八世紀初——古典主義，（2）十八世紀末至十九世紀前半——羅曼主義，（3）十九世紀中葉起——自然主義，（4）十九世紀末葉始至最近——新羅曼主義。

波蘭文學提要　鄭超麟　汪頌魯譯　學藝雜誌三卷十號　十一年三月

波蘭文學的特性　日本千葉龜雄著　海鏡譯　小說月報十三卷七號　十一年七月

希臘文學史　吳宓　學衡十三期　十二年一月

希臘文學　繹東　學生雜誌十卷三號九號　十二年三月

奧國的現代文學　章興譯　小說月報十四卷四號　十二年四月

葡萄牙的近代文學　玄珠譯　小說月報十四卷六號　十二年六月
內容：(1)傳奇派諸名家　(2)傳奇主義的反動　(3)現代的詩人　(4)阿爾美達伽爾萊忒　(5)赫機腊諾　(6)瑪丁司　(7)卡米洛　(8)愛少特奎洛司　(9)裘利亞帝尼士　(10)現代諸小說家　(11)Conie　(12)戲曲　(13)批評家

猶太文學之一斑　胡愈之　民鐸雜誌四卷五號　十二年七月

近代的丹麥文學　沈澤民譯　小說月報十四卷八號　十二年八月

匈牙利文學史略　玄珠　學燈十三年四月二十八日至五月十二日

希臘與羅馬——文學大綱第七章　鄭振鐸　小說月報十五卷七號　十三年七月

亞里士多德以後之希拉文學批評　梁實秋　東南論衡一卷二十三期至二十四期

一九二四年丹麥之文學　畢樹棠　京報副刊十四年七月十日

二十年來的意大利文學　徐霞村　小說月報二十卷七號

二十年來的西班牙文學　徐霞村　小說月報二十卷七號

二十年來的波蘭文學　沈餘　小說月報二十卷七號

現代斯羅伐克文學　趙景深　小說月報二十卷八號

現代的斯堪德那維亞文學　西諦　小說月報二十卷八號
內容：（1）開端；（2）現代的丹麥文學　（3）現代的挪威文學　（4）現代的瑞典文學

現代的希臘文學一瞥　雋之　東方雜誌二十六卷八號

# 文學論文索引

## 中編　文學分論

### 一、詩與歌謠

#### I. 通論

何謂詩　潘大道　學藝雜誌二卷一號　九年四月

詩與詩人　胡懷琛　民鐸雜誌二卷三號　九年六月
內容：（1）詩的界說（2）詩的價值（3）詩的分析（4）歷代詩體的變遷（5）舊詩的利和弊（6）新詩的利和弊（7）將來的希望（8）詩人

西式詩　沈鬮芳　學生雜誌五卷三號　七年二月

詩的將來　周無　少年中國一卷八號　九年二月
內容：（1）實體和藝術（2）時間關係

論詩　潘力山　學藝雜誌二卷三號　九年六月

抒情小詩的性德及作用　李思純　少年中國二卷十二期　十年六月

論小詩　仲密　覺悟十一年六月二十九日

詩與韵律　六逸　學生雜誌九卷九號　十一年九月

詩學總論　吳宓　學衡九期　十一年九月

詩說　陳柱　學衡十二期　十一年十二月

古今抒情詩詞新釋　馥泉　覺悟十二年三月二十七日

雜記　失名　努力四十八期　十二年五月六日
內容：(1)壞詩(2)假詩(3)形似詩

顧炎武論詩　維克　覺悟十二年五月二十五日

詩學述臆　葉楚傖　國學周刊十二年五月三十日至六月十三日

詩歌之力　西諦　學燈十二年六月

何謂詩　西諦　學燈十二年六月

抒情詩　西諦　學燈十二年九月三日

史詩　西諦　學燈十二年九月十日

蘋華室詩見　施蟄存　學燈十二年十二月十日

韻節及自由詩　金兆梓　傅東華譯　學燈十二年十二月十日

**詩的原理** 阿爾波原著 林抒譯 小說月報十五卷一號 十三年一月

**論詩的根本概念與功能** 希和 小說月報十五卷五號 十三年五月

**讀詩與小說後之懷疑** 胡開瑜 學燈十三年五月六日

**病室說詩** 潘力山，東方雜誌二十一卷十二號 十三年六月

**詩之反柏剌圖主義** 張君勱 晨報六周增刊十三年十二月一日
內容：(1)柏氏論詩論戲之大概 (2)柏氏反對詩劇之理由
(3)柏氏學說之反動 (4)歷史上之實例

**詩學** 希拉亞里士多德著 傅東華譯 小說月報十六卷一號二號 十四年一月

**詩的問題** 蔣鑑璋 晨報附鐫十四年四月二十六日

**詩的意義** 郁達夫 晨報附鐫十四年五月二十日

**論詩** 王任叔 學燈十四年五月二十，二十一日
內容：(1)弁言 (2)詩的定義 (3)詩的使命 (4)詩的修辭 (5)詩
的將來 (6)結言

**做詩之序次** 汪靜之 京報副刊十四年七月三十一日
內容：(1)加以想像 (2)選擇整理 (3)取形分配 (4)修詞
(5)音調 (6)吟咏删改 (7)結論

元遺山之詩學 寄斧 北京益世報十五年五月十八日，六月十二日

抒情詩中獨自的靜境 于賡虞 世界日報周刊之五十五年十月二十二日

瞎嚼噴蛆的說詩 劉復 世界日報副刊十五年八月二日

詩之情思 于賡虞 晨報副刊十五年十二月四日

喀賴爾的文學批評觀 梁實秋 晨報副刊十五年十二月三十日

詩與詩人 翟永坤 晨報副刊十六年五月四日

嚴蒼浪的藝術論 劉開渠 晨報副刊十六年二月二十四日

詩的創作之力 于賡虞 晨報副刊十六年二月二十八日

從詩中考察當代的農民生活 一民 晨報副刊十六年九月十日至十三日

詩之藝術 賡虞 河北民國日報副刊十八年三月五日六日又二十日，二十七日

論詩 朱景遠譯 新晨報副刊十八年六月四日至六日

詩的世界 尙木 河北民國日報副刊十八年六月二十六日

白璧德論今後詩之趨勢 大公報文學副刊十八年十一月十八日

詩的歷史　波西　華嚴月刊一卷四期

詩的使命　黃樸山　中大季刊一卷二號

論作詩之法　王壬秋　大中華二卷一號

論節奏(論詩歌)　郭沫若　創造月刊彙刊一集

詩的唯物解釋　俄波格達諾夫著　劉穆譯　小說月報二十卷四號

詩　敏　莽蒼社刊一卷二號，三號

詩的自然論　于賡虞　附論詩人　虹蚊一卷一號

東西的自然詩觀　劉大杰譯　長夜半月刊三期

東西之自然詩觀　魯迅譯　莽原一卷上冊

論苦吟　胡雲翼　北新半月刊四十一，四十二期

譚詩　穆木天　創造月刊彙刊一集

再譚詩　王獨清　創造月刊彙刊一集

論詩素　陳勺水　樂羣月刊一卷五期

詩之辯護　雪萊原著　甘師禹譯　華嚴月刊六期

論詩　日本武者小路實篤作　魯迅譯　莽原一卷上册

詩之研究　郝效儒　采社雜誌二期

近代象徵詩的源流　春山行夫著　勺水譯　樂羣月刊一卷四期

近代詩評　錢蓴孫　學衡五十二期

現代詩學的趨勢　陳延傑　國學研究會講演錄

維朗氏詩學論　觀雲　新民叢報第三年二十二號

惜道味齋說詩　姚大榮　庸言一卷十一號至二十三號

詩之片面談　楊蘊端　燕大月刊五卷一，二期

詩的實質與形式　孟實　現代評論一九四期，一九五期

飲冰室詩話　梁啓超　新民叢報第三年一號至第四年二十四號　未完

詩話叢話　郭紹虞　小說月報二十卷二號

詩歌雜論　汪靜之　秋野二卷一期

歌謠的起源 爲君 歌謠週刊四號 十二年一月七日

歌謠討論 沈兼士顧頡剛等 歌謠週刊七號至十一號 十二年一月二十八日

蒐採歌謠應全注意並標語調之提議 魏建功 歌謠週刊增刊十二年二月

歌謠在詩中的地位 衞景周 歌謠週刊增刊十二年二月

歌謠的特質 家斌譯述 歌謠週刊二十三號十二年六月七日

歌謠討論 俄人伊鳳閣 歌謠週刊二十六號十二年九月三十日

歌謠談 黃樸 歌謠週刊三十三號十二年十一月十八日

歌謠表現法之最要緊者——重奏復沓 魏建功 歌謠週刊四十一號十三年一月十三日

歌謠雜說 鍾敬文 歌謠週刊六十八號至八十五號 十三年十一月十六日

歌謠中的舅母與繼母 劉經菴 歌謠週刊，四十六號十三年三月九日

歌謠謎語談 白啓明 歌謠週刊四十七號十三年三月十六日

獞話的我見 劉策奇 歌謠週刊五十四號 十三年五月三十日

歌謠中的婚姻觀 鄭賓于 歌謠週刊五十七號 十三年八月

歌謠之辭語及調譜　C K　歌謠週刊七十一號　十三年十一月七日

歌謠的起源　傅振倫　歌謠週刊八十七號　十三年十一月

寫歌雜記　顧頡剛　歌謠週刊八十八號至九十三號　十四年四月二十六日

民歌中新婚姻夫婦的愛的表現　劉經菴　京報副刊十四年五月二十六日

歌謠與非歌謠　有麟　京報副刊民衆十四年八月十八日

民間的情歌　劉經菴　京報附設之六種週刊　十四年十月三十一日

論近世歌謠　谷鳳田　北京大學研究所國學門月刊一卷二號

猺歌　石聲漢　中大語言歷史學研究所週刊四集四十六，七期

## 2. 中國詩歌

### （I）舊詩歌

樂府指迷　沈伯時　國粹學報第六年五號　宣統二年五月

讀全唐詩發微　劉師培　國粹學報第四年九號　光緒三十四年

排律詩蠡說　錢有壬　學生雜誌六卷五號　八年五月

詩體辨要　周祺君　中國學報第一册至三册　五年一月　內容：（1）弁言　（2）五言古詩　（3）七言古詩　（0）五言律詩　（5）七言律詩

做舊詩　仲密　晨報附鐫十一年三月二十六日

唐詩通論　邵祖平　學衡十二期十一年十二月

詩之修辭　程俊英　學衡十二期　十一年十二月　內容：（1）類似之辭藻　（2）連接之辭藻　（3）雜類之辭藻

中國民歌的價值　周作人　歌謠週刊六號　十二年一月二十一日。　學藝一卷二號。

中國的情歌　章洪熙　歌謠週刊增刊十二年二月

從採集歌謠得來的經驗和佛偈子的介紹　劉達九　歌謠週刊增刊十二年二月

中國詩樂變遷小史　蔣萬里遺稿　胡懷琛校訂　覺悟十三年一月十四日至二十八日

採集歌謠所宜兼收的——歇後語　白啓明　歌謠週刊四十四號　十三年二月二十四日　內容：（1）引言　（2）歇後語本身的研究　（3）歇後語中的附帶取獲　（4）歇後語與諺語的比較　（5）歇後語與謎語的比較　（6）結論

詩的修辭　呂一鳴　覺悟十三年二月二十日至二十六日

幾首關於政治的歌謠　楊德瑞　歌謠週刊四十七號　十三年三月十六日

從歌謠看我國婦女的地位　楊世清　歌謠週刊四十八號　十三年三月二十三日

中國詩妓的抒情詩　悟　學燈十三年七月二十六日

樂府餘論　宋翔鳳　華國月刊二期一冊　十三年八月

敘事詩之在中國　李開先　覺悟十二年八月十六日至二十六日

中國詩學大綱序　楊鴻烈　晨報附鐫十三年九月二十一日

中國詩學大綱　楊鴻烈　晨報附鐫十三年十月五日至十四年六月（未完）

醫事用的歌謠　魏建功　歌謠週刊六十五號　十三年十月二十六日

擬閨怨詩的變相　浩然　晨報附鐫十二年十月二十七日

目遊學燈詩壇一週　尹若　學燈十四年一月三十一日

太平天國時代的民歌　劉復　歌謠週刊八十號　十四年三月一日

七言詩概談　龔慕蘭　晨報附鐫十四年五月二十日

論唐人七絕　陳延傑　東方雜誌二十二卷十一號　十四年六月
內容：（1）七絕之起源　（2）七絕之體製　（3）七絕之分類　（4）七絕之作家

五言詩起源考　李步霄　晨報附鐫十四年六月十日

中國詩的昨今明　劉夢葦　晨報副刊十四年十二月十二日

論樂府的起源　張壽林　世界日報附刊（苦果）十六年六月一日

唐代歌舞之研究　壬秋　晨報副刊十六年十月一日——五日

中國近世歌謠敘錄　知白　大公報文學副刊十八年四月二十九日

談一談清代的詩學　金受甲　新晨報副刊十八年七月二十三日

芬諾羅薩論中國文學之優點　張蔭麟譯（論中國詩之用字）　學衡五十六期

從學理上論中國詩　潘力山　小說月報十七卷號外

內容：（1）詩之意義（2）詩之起源（3）詩之種類及形式（4）詩與音樂及散文之關係（5）詩之特質

古今詩歌變遷小史　胡懷琛　小說世界十六卷二十五期

中國詩樂之變遷與戲曲發展之關係　淵實　新民叢報第四年五號

中國舊詩篇中的聲調問題　劉大白　小說月報十七卷號外

說中國詩篇中的次第律　劉大白　小說月報十七卷號外

樂府詩式三要件　厲小通　東南論衡一卷二十八期
樂府的影響　陸侃如　國學月報二卷二號
論詩與樂府之區別　徐管略　東南論衡一卷二十三期
五絕中的女子　朱湘　小說月報十七卷號外
五言詩起源問題　朱偰　東方雜誌二十三卷二十號
五言詩發生時期的討論　徐中舒　東方雜誌二十四卷十八號
五言詩發生時期之疑問　陳延傑　小說月報十七卷五號
與友人論五言詩書　覶況　民權素十四集
漢三大樂歌聲調辨　朱希祖　清華學報四卷二號
西漢之五言詩　王志剛　孤興一期
漢代婦人詩辨僞　陳延傑　東方雜誌二十四卷二十四號
魏晉詩研究　陳延傑　小說月報十七卷號外
論漢魏以來迄隋唐古詩　陳鐘凡　國學叢刊二卷四期

唐人五七絕詩之研究 陳彝玄 國學叢刊二卷三號

論唐人七言歌行 陳延傑 東方雜誌二十三卷五號

復友人論唐詩分體書 箸超 民權素六集

湘綺樓論唐詩 王壬秋 國粹學報二卷六號

宋代民歌一斑 鍾敬文 文學周報五卷

宋詩之派別 陳延傑 小說月報十七卷號外

清代江浙詩派概論 錢䕫孫 國學年刊一期

詩的修辭 匠心 今日二卷二號，三號

整理中國古代詩歌的意見及其他 馥泉 文學五十三期

和詩辨 胡懷琛 小說世界十三卷一期

再辨和詩 胡懷琛 小說世界十三卷二期

湘綺樓論詩文體法 王闓運 國粹學報第二年（二十三期）十一冊

詩學枝譚 周季俠 庸言一卷五號，六號

詩歌聲律辨　胡懷琛　小說世界十三卷二十四期

中詩之音美　厲後通　東南論衡一卷十五期至十六期

談談與詩　鍾敬文　文學週報五卷

詩古義　姜忠奎　學衡四十三期

詩與詩體　唐鉞　小說月報十七卷號外　按此文已收入國故新探

詩學舉例　姚孟振　中大季刊一卷四號

## 詩經

讀毛詩序　鄭振鐸　小說月報十四卷一號　十二年一月

詩經的厄運與幸運　顧頡剛　小說月報十四卷三號至五號
內容：(1)傳說中的詩人與詩本事　(2)周代人的用詩　(3)孔子對於詩樂的態度　(4)戰國時的詩樂　(5)孟子說詩　未完

詩經上婦人的地位觀　褚松雪　覺悟十二年十一月十四日

詩經婦女觀　陸淵　學燈十三年二月二十三日至二十六日

詩經字句篇章之多寡異同　伍劍禪　晨報附鐫十三年五月二十一日

論詩經 樸安 北京益世報十五年九月三十日

關於詩經問題的討論 劉雁聲 北京益世報十五年十月二十五日至十二月一日

讀詩經之傳出 辛素 晨報副刊十五年十一月八日

論删詩代壽林兄答辛素君 李宜琛 晨報副刊十五年十一月十日

答張李二君孔子不删詩說 田津生 晨報副刊十六年三月九日

三百篇究竟是什麽 蔣善國 晨報副刊十六年六月十八日至二十七日

三百篇之文學觀 張壽林 晨報副刊十六年九月二十二日至二十六日

三百篇所表現的時代背景及思想 張壽林 晨報副刊十七年四月九日至十四日

詩經來源的探討 王禮錫 河北民國日報副刊十八年二月十一日

我來談點詩經 渠 益世報十八年五月三十日

詩經的文學之價值 北鷗 益世報副刊人間評論十八年六月二十一日

三百篇詩的地產及其時代 芸渠 益世報十八年六月二十三日七月七日

詩之删修 諸橋轍次 益世報十八年十一月十日至十六日

三百篇用韵之研究　徐家齊　國學叢刊二卷四期
三百篇修辭之研究　唐圭璋　國學叢刊二卷四期
毛詩讔語釋例　姜亮夫　中大語言歷史學研究所週刊八集八十八期
詩序的作者　全國斌　綿延半月刊七期
章炳麟六詩說後　李笠　中大語言歷史學研究所週刊六集六十一期
詩六義說　胡韞玉　國學一卷二期
刪詩的問題　全國斌　綿延半月刊二期
論詩經所錄全爲樂歌　顧頡剛　北京大學研究所國學門週刊十期，十二期
詩經新論　王華顯　采社雜誌二期
三頌研究　陸侃如　國學月報一集
大小雅研究　陸侃如　小說月報十九卷九號
二南研究　陸侃如　國學論叢一卷一號
凱風的我見　衛聚賢　中大語言歷史學研究所週刊三集三十三期

詩鄭風東門之墠的討論　金照　綿延十八期

關於鄭風東門之墠　王書文　綿延十八期

邶風靜女篇的討論　劉大白　顧頡剛　語絲七十四期

邶風靜女的討論　魏建功　語絲八十三期

讀邶風靜女的討論　郭全和　語絲八十二期

葺芷繚衡室讀詩雜說—邶風谷風　俞平伯　小說月報十九卷一號

葺芷繚衡室讀詩雜記　俞平伯　燕京學報一期

論三百篇後的風詩問題　鄭賓于　北京大學研究所國學門月刊一卷三號

論詩辨說—寫在『論三百篇後的風詩問題』之後　鄭賓于　北京大學研究所國學門月刊一卷三號

辨國風中之巫詩　胡懷琛　小說世界十四卷二十二期

國風不能確切代表各國風俗辨　胡懷琛　小說世界十三卷十八期

國風非民歌本來面目辨　胡懷琛　小說世界十三卷十三期

國風入樂辨　胡懷琛　小說世界十三卷十二期

一點詩經新詁　王書文　綿延十五期

論詩經的改革　王書文　綿延二十一期

毛詩周南經序傳箋文例畧說　段淩辰　孤輿二期

一首古人的幽會歌　田驅　睿湖期刊一期

關於詩經　鍾敬文　文學週報五卷

答汪靜之先生『討論詩經伯兮問題』的信　陳鐘凡　暨南週刊三卷十期

## 古詩十九首

古詩十九首　張壽林　京報附設之第六種週刊十四年十月十七日至十一月七日

古詩十九首在文學上的地位　徐禪心　中大語言歷史學研究所週刊六集六十五期

古詩十九首考　徐中舒　中大語言歷史學研究所週刊六集六十五期

古詩十九首詮釋　龔客　學藝二卷四號五號　立達一期

## 孔雀東南飛

讀「孔雀東南飛」後的批評　張文昌　學燈十二年十一月二十八日

讀「孔雀東南飛後的批評」後的一點意見 周大賚 學燈十二年十二月二十七日

孔雀東南飛辨異 胡雲翼 學燈十三年四月十七日

再論孔雀東南飛 張文昌 學燈十三年四月三十日

研究孔雀東南飛的我見 田楚僑 學燈十三年五月一日至三日

孔雀東南飛考證 陸侃如 學燈十四年五月七日至八日 國學月報第三期

孔雀東南飛之討論 黃晦聞 陸侃如 學燈十四年五日二十二日 國學月報四期

孔雀東南飛的年代 胡適 現代評論六卷一九四期

孔雀東南飛年代祛疑 張爲麒 國學月報二卷十一號

「孔雀東南飛」年代的討論 胡適 張爲麒 國學月報二卷十二號

論孔雀東兩飛致胡適之先生 張爲麒 現代評論七卷一六五期

跋張爲麒孔雀東南飛 胡適 現代評論七卷一六五期

再論孔雀東南飛答胡適之先生 張爲麒 現代評論七卷一八〇期

論孔雀東南飛 伍受眞 現代評論七卷一八二期

## 木蘭詩

木蘭從軍時地表微　姚大榮　東方雜誌二十二卷二號

木蘭從軍時地補述　姚大榮　東方雜誌二十二卷二十三號

木蘭歌再考　徐中舒　東方雜誌二十二卷十四號十四年七月

木蘭歌再考補篇　徐中舒　東方雜誌二十三卷十一號

木蘭詩時代辨疑　張爲麒　國學月報二卷四號

木蘭從軍攷　彭善彰　青年進步八十三期
內容：（1）木蘭詩的作家研究，（2）木蘭事實攷證。

## 雜誌

石遺室詩話續編　陳衍　東方雜誌十二卷七號起　四年七月

宋郭茂倩之樂府詩集　孟眞　新潮一卷一號　八年一月

讀阮大鋮詠懷堂詩集　胡先驌　學衡六期，十一年六月

讀鄭子尹巢經詩集　胡先驌　學衡七期，十一年七月

評金亞匏秋蟪吟館詩鈔　胡先驌　學衡八期，十一年八月

**評朱古微彊邨樂府**　胡先驌　學衡十期，十一年十月

**評俞恪士觚庵詩存**　胡先驌　學衡十一期，十一年十一月

**唐風集研究**　伍劍禪　晨光一卷三號　十一年十一月
內容：(1)導言，(2)傳略，(3)思想，(4)文學與藝術，(5)結論。

**讀了一張兒童的『詩的專號』以後**　呂伯攸　覺悟十一年十一月三十日

**讀書雜記**　西諦　頡剛　小說月報十四卷一號　十二年一月
內容：(1)孔雀東南飛(西諦)(2)李後主詞(西諦)(3)詩考(頡剛)(4)曲錄(西諦)(5)葬花詞(西諦)(6)納蘭容若(西諦)(7)步韻詩(西諦)

**讀書雜記**　西諦等　小說月報十四卷二號至五號　十二年二月
內容：(1)唐詩(西諦)(2)漁父(予同)(3)全本戲(頡剛)(4)詩藩(頡剛)(5)王若虛的文學評論(西諦)以上在二號(1)幾部詞集，(2)李清照(西諦)(3)刺詩(頡剛)(4)錢璆的歌(頡剛)(5)劉暉吉女戲(頡剛)以上三號(1)碩人(頡剛)(2)中國的戲曲集(西諦)(3)道情詩(頡剛)(4)樂府(頡剛)(5)詩序(頡剛)以上四號(1)文賦(2)中國的歌總集(西諦)(3)金聖嘆的勢力(4)詩與對仗(頡剛)。

**韓愈的詩**　王任叔　學燈十二年一月一日

**讀張文襄廣雅堂詩**　胡先驌　學衡十四期十二年二月

**汪容甫詩及其思想**　謝康　學燈十二年十二月二十九日

**讀樂府詩集**　王伯祥　學燈十二年六月中

**論曹子建詩**　李開先　覺悟十二年七月廿六日至八月五日

**金和的蘭陵女兒行**　石君　覺悟十二年八月十六日

**白香山詩與失意青年**　小慧　學燈十二年十月十二日

**評陳仁先蒼虬閣詩存**　胡先驌　學衡二十五期十三年一月

**評胡懷琛君所著之「中國詩學通評」**　田楚僑　學燈十三年四月十六日

內容：(1)導言，(2)原書組織之不完密、(3)原書分派之未允當 (4)原書去取之不謹嚴 (5)原書欣賞之錯誤 (6)結論。

**憑驢歌的問題**　湯敡鐸　學燈十三年五月三日

內容：評胡懷琛大江集的一段

**評劉裴村介白堂詩集**　胡先驌　學衡三十四期十三年十月

**李白底抒情詩**　張汝洛　學燈十三年十月二十一日

內容：(1)太白底抒情詩的分類，(2)太白底抒情詩的藝術的真價 (3)太白底抒情詩中所表現的思想 (4)結束

**讀詩學旁札**　傅東華　小說月報十六卷三號至五號十四年三月

內容：(1)詩學產出的年代和現時的版本，(2)詩學的背影 (3)

詩學時代的希臘詩體考略(7)詩學引例考略 (4)什麼是模倣 (5)詩與史 (6)希臘戲劇起源

謝康樂詩注序 黃節 學衡雜誌三十九期十四年三月

吳梅村叙事詩 張壽林 京報副刊十四年四月四日

評「谷音」 田譽 鑑賞週刊三期十四年 月 學燈十四年五月二十五日 按〔谷音〕是宋亡元初二十三個隱君子和四個無姓氏所作的

評小詩研究 王國光 學燈十四年八月二十日至二十一日 按〔小詩研究〕是胡懷琛所著

答王國光先生—關於「小詩研究」批評 胡懷琛 學燈十四年八月二十七日

袁蔣趙三家詩之研究 寄斧 北京益世報十五年四月三日四月十五日

阮嗣宗的詠懷詩 李開先 世界日報副刊十五年十二月二日，十二月七日

黃仲則的詩 淦克超 晨報副刊十六年一月廿四日，廿七日

樂府詩中之征人怨 壬秋 晨報副刊十六年十二月十七日，廿一日

評陳延傑詩品注 蠡舟 大公報文學副刊十七年七月九日

陸劍南詩評 田石 北京益世報十七年七月二十五日

杜詩是唐代的民間史 傅淡厂 北京益世報十七年七月二十八日，八月四日

評汪靜之李杜研究　彥威　大公報文學副刊十七年十二月十日

白屋吳生詩稿自敘　吳芳吉　大公報文學副刊十八年二月四日

談談唐伯虎的詩　聚之　益世報十八年九月二十一日——九月二十七日

評文道希先生遺詩　大公報文學副刊十八年十二月二日

風懷詩本事表微　姚大榮　東方雜誌二十二卷十三號

述酒詩箋　古直　華國月刊二卷七號

萬古愁的作者問題　大白　文學週報四卷

班倢伃怨歌行辨證　古直　中大語言歷史學研究所週刊四集四十一期

隴西行新釋　朱芳圃　清華週刊二十七卷十號

漢短簫鐃歌十八曲考釋　孔德　東方雜誌二十三卷九號

白狼慕漢詩歌本語畧釋　吳承仕　中大季刊一卷二號

曹孟德詩派　何海鳴　小說世界十三卷八期

曹子建七步詩質疑　張爲騏　國學月報二卷一號

李義山錦瑟詩考 心史 東方雜誌二十三卷一號

杜工部七言絕句之研究 段淩辰 孤輿九期

杜甫戲為六句絕研究大綱 李辰冬 燕大月刊五卷十二期

長恨歌及長恨歌傳的質疑 俞平伯 小說月報二十卷二號

杜詩證選 李詳 國粹學報六卷二號，七卷四號

李杜詩之比較 胡小石 國學叢刊二卷三號

韋莊的秦婦吟 王國維 國學季刊一卷四號

韓詩證選 李詳 國粹學報五卷四號，八號

王荊公的詩 雪林 北新半月刊四十五期，四十六期

顧亭林的詩 張大東 國聞週報四卷四十六期，四十七期

王貽上之詩與李重光之詞 張希象 河北大學週刊一期

西安圍城詩集 吳芳吉 國聞週報四卷十四號至十五號

朝野新聲太平樂府校勘記 吳梅 華國月刊二卷九，十，十二號，三卷三號

關於飲水詩詞版本的話　羅慕華　睿湖期刊一期

今傳是樓詩話　逸塘　國聞週報四卷二十五號至三十三號

無盡藏齋詩話　邵祖平　學衡二卷六期，九期

石遺室詩話　陳衍　庸言一卷一號至二十三號

漢魏樂府風箋序　黃節　學衡四十一期

人境廬詩草自序　黃遵憲　學衡六十期

滑稽詩文集序　阿閣子　民權素五集

三家詩比輯自序　王容子　雅言三期

書文心雕龍明詩篇後　李冰若　國學叢刊二卷四期

讀詩品　陳延傑　東方雜誌二十三卷二十三號

粵謳在文學底地位　許地山　民鐸雜誌三卷三號　十一年三月

談北京歌謠　常惠　努力周刊二十七期，十一年十一月五日　歌謠四十三號

歌謠發刊詞　常惠　歌謠週刊一號　十一年十二月十七日

一首古代歌謠(彈歌)的研究　白啓明　歌謠周刊增刊十二年二月

一年的回顧　常惠　歌謠週刊增刊十二年二月

雲南山歌與猓玀歌謠　張四維　歌謠週刊增刊十二年二月

臺灣的歌謠序　失名　歌謠週刊九號十二年三月十一日

北京的歌謠序　意人韋大烈　歌謠週刊十八號　十二年五月十三日

安福歌謠的研究　王禮錫　歌謠週刊二十二，二十三號　十二年六月十日

海外的中國民歌　劉復　歌謠週刊二十五號　十二年九月二十三日

論雲南的歌謠　孫少仙　歌謠週刊四十號十三年一月六日

看歌謠後的一點感想　許竹貞　謠謠週刊四十二號　十三年一月二十日

蘇州的嘲笑咀罵的歌謠　吳立模　歌謠週刊五十三號　十三年五月四日

河南婚姻歌謠的一斑　白啓明　歌謠週刊五十九號　十三年六月十五日

隴縣鬧洞房的歌謠　張安人　歌謠週刊六十號　十三年九月

讀「粤東筆記」　鍾敬文　歌謠週刊六十七號，六十八號　十三年十一月十二日

明賢遺歌　劉策奇　歌謡週刊八十五號　十四年四月五日

福州民歌的第一章　董作賓　歌謡週刊八十八號　十四年四月廿六日

廣東婦女風俗及民歌一斑　招北恩　民俗一期

談梅縣山歌至黃五娘傳説的寫成詩　田湘靈　一般二卷二號

吳歌與山東歌謡之轉變　谷鳳田　北京大學研究所國學門月刊一卷二號

歌謡專號　魏應麟等　民俗四十八期，四十九期，五十期

猺獞歌謡譯序　靜聞　民間文藝一期

「情歌唱答」序言　丘峻　民俗七期

嶺東戀歌序　李金髮　文學週報四卷

梅縣兒歌序　容肇祖　民俗七十二期

臺灣情歌集序　鍾敬文　民俗第三期

吳歌甲集序　沈兼士　北京大學研究所國學門週刊十一期

吳歌乙集自序　王翼之　民間文藝第二期

閩歌甲集自序　謝雲聲　民俗十五，十六期
序閩歌甲集　顧頡剛　民俗二十三，二十四期
重編粵風引言　鍾敬文　文學週報四卷
兩種歌謠集的序　周作人　語絲一二六期
廣州兒歌甲集序　顧頡剛　民俗十七期，十八期
關於「廣州兒歌甲集」的討論　劉萬章　梁孔淩　民俗二十一，二十二期
寫在「評廣州兒歌甲集」之後　溫仇史　民俗七十四期
淮南歌謠集序　容肇祖　民俗七十三期
淮安歌謠集自序　葉德均　民俗六十五期
歌謠論集序　靜君　民間文藝七期
讀了「台山歌謠集」之後　司徒優　民俗七十四期
讀了「耕者之歌」以後　容肇祖　民俗三十八期

（2）新詩歌

白話詩的三大條件　俞平伯　新青年六卷三號　八年三月

新體詩與傅君孟眞商榷書　天放　新中國一卷一號　八年五月

新詩畧談　宗白華　少年中國一卷八期　九年二月

新詩的我見　康白情　少年中國一卷九期　九年三月

詩體革新之形式及我的意見　李思純　少年中國二卷六期　九年十二月

做詩的一點經驗　俞平伯　新青年八年四號九年十二月

詩的自由和普遍　俞平伯　新潮三卷一號　十年十月

新詩管見　曹聚仁　覺悟十一年六月十三日至十八日

詩中醜字句的討論　虛生　長報附鐫十一年七月十二日

新詩的評價　式芬　長報附鐫十一年十月十六日

舊書中的新詩　唐鉞　小說月報十三卷十號　十一年十月

舊詩新話　漢胄　覺悟十一年十二月七日

歌謠與新詩　何植三　歌謠週刊增刊十二年二月

中國新詩的將來　李昂剛　晨報附鐫十二年六月二十一日
與友論新詩書　李思純　學衡十九期　十二年七月
未來派的詩約及其批評　郭沫若　創造周報十七號　十二年八月二十七日
我對於中國現時新詩界的感言　董秋芳　覺悟十二年十一月十八日
論白話詩　章炳麟、華國月刊一卷四期　十二年十二月
給懷疑無韻詩的人們　趙景深　學燈十三年一月二十一日
新詩用韵問題　陸淵　學燈十三年二月八日
詩的方便　俞平伯　覺悟十三年三月廿八日
新詩壇上的戀歌　張鐵羣　覺悟十三年五月二十至二十一日
最近的中國詩歌　孫俍工　星海十三年八月
詩的用字　沅生　晨報附鐫十三年九月十三日
新詩進步談　汪震　京報附設之第六種週刊十四年九月廿六日
新詩評　朱湘　晨報副刊十五年四月一日，十日，十五日

新詩的音節　饒孟侃　晨報副刊十五年四月二十二日

再論新詩的音節　饒孟侃　晨報副刊十五年五月六日

新詩話　饒孟侃　晨報副刊十五年五月二十日至二十七日

新詩的罪狀　朱大枬　世界日報副刊十六年三月二十六日

從創作談到許多人對於新體詩懷疑的錯誤　張孝仁　新晨報副刊十八年十一月十六日

現代詩的我見　林夢幻　眞美善四卷四號

中國新詩的將來　記者　東方雜誌二十卷十一號

新詩的意義　朱信庸　婦女雜誌六卷十二號

評郭著「卷耳集」　梁繩禕　晨報副刊十二年二月六日，七日

我對於卷耳的肊說　胡浩川　學燈十二年十二月十日

再論卷耳　俞平伯　學燈十二年十二月十日

我也來談「卷耳」　蔣鐘澤　學燈十二年十二月二十四日

十頁卷耳集的讃詞　小民　學燈十二年十月二十二日

讀卷耳二則　曹聚仁　覺悟十二年十月二十八日至三十日

我對於卷耳詩的解釋　郭沫若　覺悟十二年十一月一日

讀卷耳答郭沫若先生　曹聚仁　覺悟十二年十一月九日

評卷耳集的尾聲　梁繩褘　晨報副刊十三年二月二十七至二十八日

讀郭沫若的卷耳集　硯山　莽蒼社刊二卷一號

讀「星空」後片斷的迴想　焦尹孚　創造週報四十八號

讀了郭沫若的「星空」以後　周開慶　學燈十三年八月十五日

我們爲什麼要作白話詩——嘗試集的自序　胡適　新青年六卷五號　八年五月

嘗試集序　錢玄同　新青年六卷五號　八年五月

評嘗試集　胡先驌　學衡一期二期　十一年一月

內容：(1)緒言，(2)嘗試集詩之性質，(3)聲調格律音韻與詩之關係，(4)文言白話用典與詩之關係，(5)詩之模倣與創造，(6)古文派與浪漫派之藝術觀與其優劣，(7)中國詩進化之程序及其精神，(8)嘗試集之價值及其効用。

評嘗試集匡謬　式芬　晨報副刊十一年二月四日

**關於草莽集**　朱湘　文學周報五卷

**草莽集**　念生　文學周報八卷二十四號
草莽集是朱湘的詩集

**讀詩底進化的還原論**　梁實秋　晨報副刊十一年五月二十七日至二十九日
按〔詩底進化的還原論〕是俞平伯所著

**北社與「新詩年選」**　北社同人　覺悟十一年八月十八日

**什麼是不道德的文學**　作人　覺悟十一年十一月五日
注：本文是對於蘿的風的辯論

**蘿的風與道德問題**　章洪熙　覺悟十一年十月三十日

**詩中的道德**　養眞敬　覺悟十一年十一月二十日

**讀「草堂」**　周作人　晨報副刊十二年一月十二日　覺悟十二年一月十五日

**評「寂寞的心」與「春的使命」**　咏瓊　學燈十二年二月一日

**讀將來之花園**　黃世璞　學燈十二年二月二十三日

**舊夢詩序**　陳望道　周作人　覺悟十二年四月十五日，十七日。

**「女神」之時代精神**　聞一多　創造週報四號　十二年五月

**詩之防禦戰**　成仿吾　創造週報一號　十二年五月四日
內容：評論下列諸作品：（1）嘗試集，（2）草兒，（3）冬夜，

(4)雪朝第二集，(5)將來之花園

「女神」之地方色彩 聞一多 創造週報五號 十二年五月

讀「飛鳥集」 梁實秋 創造週報九號 十二年六月

「繁星」與「春水」 梁實秋 創造週報十二號 十二年七月七日

內容：(1)表現力強而想像力弱 (2)散文優而韻文技術拙

(3)理智富而情感分子薄

讀「淺草」後 高夢濂 覺悟十二年七月二十六日至八月二十六日

評「渡河」 黃景相 學燈十二年十一月十九至二十六日

評郭沫若「女神」以後的詩 洪爲法 創造週報四十二號 十三年二月

評「春水」 李士魁 學燈十三年六月十一日

寒厓詩集序 吳稚暉 晨報附鐫十三年六月二十五日

平民詩選序 章洪熙 晨報附鐫十三年七月二十五日 學燈十三年七月三十日

「流雲」的評價 洪爲法 學燈十三年七月三十日

「流雲」我見 施蟄存 學燈十三年八月八日至九日

讀「前夜」　王國光　學燈十三年十一月五日

評「紅燭」　爲法　學燈十三年十一月二十七日至二十九日
按紅燭是聞一多著的詩集

陀螺序　周作人　語絲三十二期　十四年六月二十二日
注序中說：集內所收譯文共二百七十八篇，計希臘三十四，日本百六十二，其他各國八十二。這些幾乎全是詩，但我都譯成散文了

評蔣光赤的「新夢」　谷鳳田　賞鑑週刊六期　十四年七月

深誓　劉眞如　學燈十四年八月二十九日　內容：評衣萍詩集

深誓自序　衣萍　語絲三十六期　十四年七月二十日

評「志摩的詩」　于成澤　京報副刊文學週刊十四年八月二十二日

志摩的詩　周容　晨報副刊十四年十月十七日

評徐君志摩的詩　朱湘　小說月報十七卷一號

周作人的詩　趙景深　虹蚊季刊一卷一號　未見原刊

讀了「湖畔」以後　朱旭光　虹蚊季刊一卷一號　未見原刊

介紹及批評「晨曦之前」　昭園　晨報副刊十五年十月三十日

銀鈴　保爾　文學週報八卷二十四號
注：〔銀鈴〕是蓬子的詩集

蟬之曲序　雪林　北新半月刊二卷十三號
注：蟬之曲是王佐才的詩集

評聞君一多的詩　朱湘　小說月報十七卷五號

瓦釜集代自序　劉復　語絲七十五期
注：瓦釜集是劉復的詩歌集

揚鞭集自序　劉復　語絲七十期

揚鞭集序　周作人　語絲八十二期
注：揚鞭集是劉復的新詩集

「藍關」辨證　鍾國樓　民俗四十五期

## 3. 外國詩歌

美洲詩人之汎美主義　君實　東方雜誌十六卷二號　八年二月

法蘭西詩壇的近況　化魯　東方雜誌十八卷七號　十年四月
內容：(1)戰前詩壇的一瞥　(2)同情主義的運動　(3)戰爭與詩壇　(4)詩人克魯的作風

新希臘的新詩人　化魯　東方雜誌十八卷九號
內容：(1)文藝復興的曙光　(2)異教精神的復活　(3)新詩壇三大領袖，(4)世界主義的詩人。

德國的勞動詩與勞動劇　化魯　方雜誌十八卷十號　十年五月
內容：（1）新德意志的勞動詩人　（2）社會革命與拳的象徵　（3）表現主義的大戲劇家　（4）德國的無抵抗主義者

俄國的自由詩　化魯　東方雜誌十八卷十一號　十年六月
內容：（1）紅色詩歌的一般　（2）新進的五個詩人　（3）未來主義的傾向　（4）古典文學的攻擊

法蘭西詩之格律及其解放　李璜　少年中國二卷十二期　十年六月

俄國的敘事詩歌　沈澤民　小說月報十二卷號外（俄國文學研究）　十年九月

俄國的詩壇　丏尊譯　小說月報十二卷號外（俄國文學研究）　十年九月

俄國的農民歌　沈澤民譯　小說月報十二卷號外（俄國文學研究）　十年九月

一八二零年以來法國詩之一斑　黃仲蘇　少年中國三卷三期　十年十月

俄國的詩歌　鄭振鐸　民鐸雜誌三卷二號　十一年二月

智利的詩　萬良濬節譯　小說月報十三卷九號　十一年九月

英詩淺釋　吳宓　學衡十二期　十一年九月

讀沈繼偉君底「太戈爾的詩八首」以後　如旨　覺悟十一年十二月十九日
內容：批評太戈爾的詩和譯文

日本的小詩　周作人　晨報附鐫十二年四月三日至五日

英國搜集歌謠的運動　家斌譯　歌謠週刊十六號　十二年四月二十九日

我默伽亞謨的絕詩　聞一多　創造季刊二卷一號　十二年五月

俄國詩壇的昨日今日和明日　耿濟之譯　小說月報十四卷七號　十二年七月
內容：(1)歐戰開前俄國的詩派　(2)新形式的尋找　(3)未來的盛行　(4)勞工詩人

希臘的小詩　周作人　晨報附鐫十二年七月十一日

讀雪萊詩後　學燈十二年十一月五日

古希伯來詩韵研究　葉啓芳　晨報附鐫十二年十一月十一日至二十一日

湯麥哈代的詩　徐志摩　東方雜誌十一卷二號　十三年一月

古英文民歌概說　湯澄波　小說月報十五卷十一號　十三年十一月

法國近代詩概觀　君彥　小說月報十五卷號外(法國文學研究)　十三年四月

現代的希伯來詩　赤城譯　小說月報十四卷五號　十三年五月

印度的詩史——文學大綱第六章　鄭振鐸　小說月報十五卷五號　十三年五月

希臘代表的抒情詩人及其思想　V生譯　覺悟十三年五月七日，八日

幾首希臘古詩底餘音　黃扶軒　晨報附鐫十三年七月二日

俄國的詩歌及其革命的傾向　悟　學燈十三年八月三十日

美國近代的愛情詩　李璪　晨報副刊十六年九月三日至六日

五十年來法國的詩壇　許躋青　晨報副刊十七年二月十六日至二十五日

法國古代民歌　法郎士　趙少侯譯　新晨報副刊十七年八月十六日，十七日

法國中世紀的績歌　仲奇　世界日報副刊十七年十一月三十日十二月七日，十四日

日本詩的精神　阮世隱譯　益世報人間週刊十八年四月二十六日，五月十日

古希臘戀歌引言　金髮　文學週報四卷

魯拜集的古本及補遺　波斯詩人峨默伽亞謨著　穎子譯　春潮月刊一卷四期五期
注：魯拜集是詩集。

二十年來的英國詩壇　傅東華　小說月報二十卷七號

俄國現代詩壇　GeorGe Z. PaToick著　楊震譯　樂羣月刊二卷八期

現代美國詩壇　陳勺水　樂羣月刊一卷六期

各國國歌評述 王光祈 一般二卷二號

雀鳥在英文詩歌上的地位 小泉八雲 梁指南譯 語絲四卷三十期至三十五期

論愛情在英國詩歌中底地位 采眞 孔德月刊三期，四期

## 4. 譯詩

譯詩討論 玉狠 學燈十三年一月九日，十日

葛德的四行詩還是沒有譯好 徐志摩 晨報副刊十四年十月八日

關於哥德四行詩問題的商榷 李競何 現代評論五十期

關于譯詩的一點意見 劉復 語絲一三九期

關於一個譯詩問題的批評 朱家驊 現代評論四十三期

說譯詩 朱湘 文學周報五卷

一個譯詩問題 徐志摩 現代評論三十八期

對於譯莪默詩商榷 采眞 語堂 語絲六十八期

## 5. 詩歌與其他

詩與小說精神上之革新　劉半儂　新青年三卷五號　六年七月
內容：(1)詩　(2)小說　(3)結論

歌謠與政治　黃樸　歌謠週刊增刊十二年十二月

歌謠與婦女　劉經菴　歌謠週刊三十號　十二年十月二十八日

歌謠與方音問題　董作賓　歌謠週刊三十二號　十二年十一月十一日

感嘆符號與新詩　衣萍　晨報附鐫十三年九月十五日

白話詩中的感嘆符號　張耀翔　晨報附鐫十三年九月二十二日

詩歌與思想　于賡虞　京報附設之第六種週刊十四年七月十一日

新詩與國家主義　京報副刊十四年七月三十日

詩與歷史　鄧以蟄　晨報副刊十五年四月八日

詩與散文之區別　張乾一　世界日報附刊(駱駝)十七年五月十二日至十三日

科學與詩　伊人譯　河北民國日報副刊十八年五月十日，十二，十三，十四日

詩與史實　許文玉　中大語言歷史學研究所週刊八集九十一期

詩歌與眞理　汪靜之　文學週報六卷十二期

詩與夢　李濂譯　華嚴月刊一卷五期

詩歌與想像　汪靜之　文學週報五卷

詩歌與感情　胡寄塵　小說世界十三卷十四期

詩歌與情感　汪靜之　文學週報六卷二號

論挽歌與魁櫑　黃素　南國週刊九期

## 二、辭賦

對於讀楚辭的商榷　曹聚仁　覺悟十一年九月二十九日

漁父　錢穆　學燈十二年二月份

遠遊寃詞　張立德　晨報附鐫十三年二月二十九日

讀「遠遊寃詞」偶識　林之棠　晨報附鐫十三年三月十八日

詩經與楚辭——文學大綱第七章　鄭振鐸　小說月報十五卷六號　十三年六月

離騷研究　游國思　國學月報第二期　十四年四月

楚辭略說　大白　立達季刊一卷一期　十四年

什麼是九歌　陸侃如　國學月報第二期　十四年四月五日

天問研究　游國恩　國學月報第四期　十四年六月

天問釋疑　徐旭生　讀書雜誌四期

天問研究　游國恩　國學月報一集

宗騷篇第五　劉光漢　國粹學報第二年(十五期)三册

賦在中國文學史上的位置　郭紹虞　小說月報十七卷號外

楚辭與中國神話　玄珠　文學周報六卷八期

楚辭與毛詩異同論　磬賓　莽蒼社刊二卷一號

屈子作騷時代考　唐景升　國學年刊一期

楚辭與文學　鄭立櫨　中大語言歷史學研究所週刊七集七十八期

楚辭的起源　游國恩　國學月報一集

離騷研究　游國恩　國學月報一集

楚辭的研究　朱維之　青年進步八十二期
內容：(1)南方與北方文學，(2)屈原傳略，(3)什麼是楚辭

(4)楚辭的篇目，(5)楚辭各篇的性質 (6)怎樣讀楚辭

**楚辭略說** 大白 立達一期

**離騷補釋** 胡韞玉 國粹學報六卷八號又七卷八號

**離騷釋例** 廖平 中國學報三期

**讀騷摘注** 許本裕 中國學報四期，五期

**楚辭考異** 劉師培 中國學報二期至五期 國學叢刊二卷一號

**離騷文例** 胡光煒 國學叢刊二卷四期

**九章的眞僞談** 方書林 中大語言歷史學研究所週刊四集四十三期

**楚辭九歌與河神祭典的關係** 雪林 現代評論二零四期至二零六期

**楚辭的旁支** 陸侃如 國學論叢一卷二號

**楚辭之祖禰與後裔** 沅君 國學月刊一卷二號

**楚辭校補** 易培基 國學叢刊一卷一號，二卷一號

**大招招魂遠游的著者問題** 陸侃如 讀書雜誌二冊

駁遠遊大招爲東漢人僞作說 范希曾 文哲學報三期

招魂非宋玉作說 鄭沅 中國學報九期

讀離騷 遲蘊生 益世報十八年五月三十日

讀楚辭 胡適 讀書雜誌一期 按己收入胡適文存二集

讀讀楚辭 陸侃如 讀書雜誌四期

宋玉賦考 陸侃如 讀書雜誌十七期

宋玉賦辨僞 劉大白 小說月報十七卷號外

孫卿十賦考 王道昌 國文學會叢刊一卷一號

庾子山哀江南賦集注 李詳 國粹學報七卷四號

## 三、詞

聽秋聲館詞話 丁紹儀 國學月刊一卷五期，七期 乙卯十月

玉楳詞話 況周頤 國粹學報第四年十號十一號 光緒三十四年

人間詞話 王國維 國粹學報第四年十號至十二號 光緒三十四年

褒碧齋詞話　陳銳　國粹學報第五年六號　宣統元年五月

鶴道人論詞書　鄭文焯　國粹學報第六年四號　宣統二年四月

餐櫻廡詞話　況周頤　小說月報十一卷五號　九年五月

評趙堯生香粟詞　胡先驌　學衡四期　十一年四月

南宋的白話詞　胡適　晨報副鎸十一年十二月一日

說詞　李萬育　國學叢刊一卷三期　十二年九月

詞旨敘　陳去病　國學叢刊一卷三期　十二年九月

南詞十二律崑腔譜跋　吳梅　國學叢刊一卷三期　十二年九月

笠澤詞徵序　陳去病　國學叢刊一卷三期　十二年九月

評文芸閣雲起軒詞鈔王幼遐半塘定稿賸稿　胡先驌　學衡二十七期　十三年三月

李易安底抒情詞　王國璋　學燈十三年八月一日

歌詞與詩律　霄　京報副刊（戲劇）十四年五月二十五日

朱淑眞及其斷腸詞　顧虛心　鑑賞週刊四期　十四年六月

學詞大意　傅君劍　晨報附鐫十四年七月三十日

讀雪壓軒詞　何子京　京報附設之第六種週刊十四年十月十七日

賡虞近作與舊詞　周仿溪　京報附設之第六種週刊十四年九月五日

論南唐後主李重光詞　豫戡　北平益世報十五年六月十日至十一日

宋代婦女的詞　汝舟　北京益世報十五年十月一日至十八日

項鴻祚的小詞　聞國新　世界日報副刊十五年十月二十三日

南唐後主詞　天行　晨報副刊十五年十一月十五日，十七日

吳文英的詞　淦克超　世界日報副刊十五年十二月二十日至二十一日

屯由詞話　闕仲濠　世界日報副刊十六年一月五日至七日

詞牌考證　盛世強　世界日報副刊十七年三月五日，十二日，十九日

評顧隨無病詞味辛詞　餘生　大公報文學副刊十八年六月三日

雅詞　閎　大公報戲劇十八年十一月八日

關於詞格底長短句發達底原因　靑木正兒著　汪馥泉譯　語絲五卷十九期

入聲演化和詞曲發達的關係　唐鉞　東方雜誌二十三卷一號

研究詞樂的意見　任二北　中大語言歷史學研究所週刊四集三十九期

運用口語的塡詞　鈴木虎雄　會迅　菲原合本二卷上

詞曲和併研究　任二北　新民半月刊二期五三期

詞的界說　周辨明　科學八卷四號

詞的起源　胡適　清華學報一卷二期

詞的啟源　鄭振鐸　小說月報二十卷四號

詞源　鈴木虎雄著　汪馥泉譯　語絲五卷十六期五十七期

詞之研究　曲宜振　朵社雜誌二期

詞曲史　王易　學衡五十七期

溫飛卿菩薩蠻詞之研究　王志剛　孤興九期

溫韋詞之比較　唐圭璋　東南論衡一卷二十六期

宋初詞人　臺靜農　小說月報十七卷號外

論北宋慢詞　李冰若　國學叢刊二卷三號

論北宋慢詞　張友仁　小說月報十七卷號外

南宋詞小記　沅君　國學月刊一卷四號　1.草窗年譜擬稿　2.草窗朋輩考　3.草窗詞學之源淵

南宋詞之音譜拍眼考　二北　東方雜誌二十四卷十二號

宋人詞話　西諦　小說月報十七卷號外

于湖詞校錄　畢壽頤　國學年刊一卷一號

李笠翁詞學　顧敦鍒　燕大月刊一卷二期，一卷四期

跑坡潭詞的商榷　劉連　戲劇月刊二卷一期

記石鶴舫的詞　衣萍　暨南周刊二期

平晏卞原詞　胡肇椿　燕大月刊一卷三期

劉伯溫的詞　朱健和　國聞週報五卷十期

民歌之竹枝詞與絕詩　求幸福齋主　小說世界十三卷十五期

辨竹枝詞非詠風俗　胡懷琛　小說世界十三卷四期

人間詞話未刊稿及其他 王國維 小說月報十九卷三號

詞讕 宣雨著 國聞週報三卷八期至十期

與孶子論詞書 匪石 民權素四集

增訂詞律之商榷 任二北 東方雜誌二十六卷一號

詞選序 胡適 小說月報十八卷一號

詞選箋自序 陸侃如 北京大學研究所國學門月刊一卷四號

## 四、戲曲

### I. 戲劇通論

近代文學上戲劇之位置 知非 新青年六卷一號 八年一月

近代戲劇論 美國高曼(Egoldman)女士著 震瀛譯 新青年六卷二號 八年二月

現代新浪漫派之戲曲 趙英若 新中國一卷五號 八年九月

近代浪漫戲劇之沿革 宋春舫 東方雜誌十七卷四號 九年二月

戲曲上德模克拉西之傾向 宋春舫 東方雜誌十七卷三號 九年三月

戲曲在文藝上的地位　白華　解放與改造二卷十四號　九年七月

戲劇上的表現主義運動　馬鹿　東方雜誌十八卷三號　十年二月
內容：（1）演劇術的一大革命，（2）沒有演劇台的劇場，（3）人是演劇上的中心，（4）新派戲劇家惲希爾。

最近劇界之趨勢　滕若渠　戲劇一卷一期　十年五月

過去的戲劇和將來的戲劇　公彥　戲劇一卷一期　十年五月

兩種態度　徐半梅　戲劇一卷四期　十年八月

關於戲劇　陳大悲　晨報附鐫十一年二月二十三日

我們看戲的是什麼　徐志摩　晨報附鐫十二年五月二十四日

談戲劇　路易　學燈十二年六月中（未見原刊）

戲劇概論　汪馥泉　小說月報十五卷十二號　十三年十二月

劇名應速釐正　霄　京報副刊（戲劇）十四年四月二十日

戲劇如何可進化　霄　京報副刊（戲劇）十四年五月十八日

無名氏說劇曲　京報附設之第一種週刊十四年十一月二十三日

戲劇與道德的進化　鄧以蟄　晨報副刊十五年七月八日

戲劇藝術辨正　梁實秋　晨報副刊十五年七月二十九日，八月五日

論劇　熊佛西　晨報副刊十五年八月十二日

劇話　顧一樵　晨報副刊十五年九月二日

戲劇漫談　林音　世界日報週刊之一十五年九月十三日　十月十八日

東西戲曲之關係　茹苓　世界日報週刊之一十五年九月六日　十一月一日

中西戲劇之比較　冰心女士　晨報副刊十五年十一月十八日

現代劇中的貧與富　焦菊隱　世界日報週刊之五十六年五月六日，五月二十日

新時代的戲劇　著書譯　世界日報週刊之一十六年十月三日至三十一日

新浪漫派的戲劇　張鳴琦　晨報副刊十六年十二月十日至十二日

論談劇　爛𦶜𦶜館主　世界日報副刊十七年八月二十日，二十七日

戲劇叢談　愫倩　世界日報週刊之一十七年十一月五日

餘佛劇話　世界日報副刊十七年十二月二日

爲綜合藝術的戲劇　張鳴琦　大公報戲劇十八年二月一日

戲劇的使命　劉連　大公報戲劇十八年三月十五日

戲劇雜記　魚菊隱　河北民國日報十八年三月三日，四日

戲劇應當平民化　寰弟　大公報戲劇十八年四月五日

戲劇與非戲劇　劉曼虎　世界日報週刊之六　十八年四月六日　戲劇週刊第二期

談「三一律」　Miss. Selly　世界日報週刊之六十八年四月十三日　戲劇週刊第三期

我的戲劇觀　張國樑　世界日報週刊之三十八年五月十五日

戲劇的性質　林音譯　大公報戲劇十八年五月三十一日

現代戲劇概論　留肯生著　林音譯　大公報戲劇十八年八月二十三日，十二月二十日

戲劇的使命　假人　世界日報週刊之六十八年九月二十一日

二十年來世界戲劇之變遷　潛夫　新晨報十八年十一月二十日

世界名劇談　羅羅　東方雜誌十六卷一號　八月一日　附世界一百名劇表

三一律　陳治策譯　戲劇與文藝一卷四期

眞愼的流露　張寒暉　戲劇與文藝一卷六號

改造觀衆　劉曼虎　戲劇週刊十四期

成功的戲劇失敗的觀衆　牛　戲劇週刊第六期

一點意見　璧臣　戲劇週刊第六期

戲劇　賈問津　南開大學週刊四十六期

對於戲劇的兩條意見　周作人　戲劇（新中華戲劇協社）二卷三號

戲劇庸言　英高爾斯華綏著傅東華譯　文學週報四卷

生活的演劇化　葛何德譯　奔流一卷二期

爲什麽要有戲劇　姚民哀　戲劇月刊一卷二期

論戲劇改造社會之能力　劉豁叟　戲劇月刊一卷四期

過去的戲劇和將來的戲劇　公彥　戲劇（民衆戲劇社）一卷一期

廿年來戲劇雜談　張燕僑　戲劇月刊一卷三期

代近劇大觀　日宮森麻太郎　周建侯龔溦滄譯　戲劇（新中華戲劇協社）二卷一號

二號

近代劇大觀　龔澈淦　陶錢梅譯　戲劇（新中華戲劇社）二卷三號，四號

現代戲劇大綱　Thomas H. Dickinshn　春冰譯　戲劇一期

戲劇之近代的意義　蒲伯英　戲劇（民衆戲劇社）一卷二號

戲劇要如何適應國情　蒲伯英　戲劇（民衆戲劇社）一卷四期

戲劇生存問題之論戰　春冰　戲劇二期

怎樣才是戲劇　陳治策　長星半月刊八期

戲劇改革之理論與實際　歐陽予倩　戲劇一期

戲劇底哲學　謝扶雅　戲劇一期

屬於戲劇的是什麽　賈問津　南開大學月刊五十七期，五十八期

戲劇是什麽　C. Hamiltol 著　如琳譯　戲劇二期

戲劇論　楊鴻烈　教育叢刊二卷二集

戲劇概論　張麗雲　采社雜誌創刊號

戲劇原理　美韓牛頓著　陸祖鼎譯　學衡四十四期

論劇　黃仲蘇　東方雜誌二十一卷十九號至二十二卷五號

但丁神曲通論　美葛藍里著　吳宓譯　學衡四十一期

美國的戲曲　小泉八雲　石泉譯　北新半月刊三卷二號

## 2. 各種戲劇

傀儡劇之復興　羅羅　東方雜誌十五卷十一號　七年十一月

傀儡劇　化魯　東方雜誌十八卷十一號　十年六月

內容：(1)傀儡演劇之發達，(2)傀儡劇的劇作家，(3)李迫大夢的佈景，(4)動作與說白聯貫

我主張要提倡職業的戲劇　蒲伯英　戲劇一卷五期　十年九月

俄羅斯之歌劇　歐陽予倩譯　戲劇一卷六期　十年十月

爲什麼我沒有提倡職業的戲劇　陳大悲　戲劇二卷一號　十一年一月

看俄羅斯歌舞劇的雜感　陳大悲　晨報副鐫十一年四月二十一日

關於俄羅斯歌舞劇　葉風虎　晨報附鐫十一年四月二十六日

歌樂劇的習慣　上沅譯　晨報附鐫十一年七月四日至三十日

喜劇與手勢戲　成仿吾　創造季刊二卷一號　十二年

歌樂劇此時有提倡的必要麽　上沅　晨報附鐫十二年二月一日

歐洲的歌劇　傅彥長　覺悟十二年五月七日

歐洲樂曲之變遷　傅彥長　覺悟十二年五月十四日

戀愛戲　頡剛　小說月報十四卷八號　十二年八月

西洋歌劇發達之梗概　吳夢非　覺悟十二年十月一日

民衆的戲劇　西瀅　現代評論十三年十二月二十日

革命化的歌舞劇　畢樹棠　京報副刊十四年三月二日

說非樂劇　霄　京報附設之第一種週刊十四年九月二十八日

關於樂劇音樂改進之意見　霄　京報附設之第一種週刊十四年十月五日至十二日

論社會問題劇並質余上沅先生　培良　京報副刊十四年十一月二十八日

論詩劇　余上沅　晨報副刊十五年四月二十九日

希臘之悲劇　馮友蘭等　晨報副刊十五年九月二日

西洋歌劇談畧　陳漫譯　晨報十六年六月二十二日，二十七日

「未來派戲劇」與「漫劇」　王端麟　世界日報週刊之一十六年六月二十七日，七月十一日

通俗戲曲之管見　涔川措大　大公報十六年十二月二十日

歷史戲　大公報戲劇十七年九月十九日十月三日

異性同名戲　步艮　世界日報週刊之一十七年十月二十二日

中國傀儡戲考畧　家瑞　大公報戲劇十八年四月十二日

論歌劇　魯鈍　新晨報副刊十八年四月二十二日五月三日

亞利思多德與悲劇的定義　柯西　華嚴月刊一卷五期

論希臘悲劇　焦菊隱譯　華嚴月刊一卷一期，二期

論法蘭西悲劇源流　病夫　眞美善一卷一號至三號

悲劇汎論　恰聖　國聞週報六卷三十五期

今後的歷史劇　顧仲彝　新月一卷二號

近代的社會劇　C. Hamiltcn 著　如林譯　北新半月刊三卷十六號

歌劇與樂劇　豐子愷　東方雜誌二十二卷二十二號

西洋歌劇談　歐陽予倩譯編　戲劇(民衆戲劇社)一卷一期

德國的歌劇　歐陽予倩譯述　戲劇(民衆戲劇社)一卷三期

英吉利之歌劇　歐陽予倩譯編　戲劇(民衆戲劇社)一卷五號

俄羅斯之歌劇　歐陽予倩譯編　戲劇(民衆戲劇社)一卷六期

法蘭西的歌劇　歐陽予倩譯編　戲劇(民衆戲劇社)一卷二期

蘇俄的二種跳舞劇　畫室　莽原合本二卷上册

民衆劇的研究　歐陽予倩　戲劇三期

思想劇　Thomas H. Dickisnon 著　春冰譯　戲劇二期

獨幕劇研究　B. Roland Lewis 著　如琳譯　戲劇一期

論獨幕劇　亦華覺人譯　戲劇與文藝一卷四期

3. 劇本

論譯戲劇　T. F. C.　新青年六卷三號　八年三月

戲劇爲什麼不要寫眞　蒲伯英　晨報附鐫十一年一月十二日至十四日　戲劇一卷六期（民衆戲劇社）十年九月

與創造新劇諸君商確　明悔　戲劇一卷一期十年五月

關於劇本的討論兩則　姚宗賢　鄧拙園　晨報附鐫十一年四月八日

劇本創作的要素　周野蒜　晨報附鐫十一年四月二十四日

作劇的原理　上沅譯　晨報附鐫十一年六月廿五日

編劇家與演劇家　上沅譯　晨報附鐫十一年八月二日至五日

譯完作劇原理七篇以後　上沅　晨報附鐫十一年八月十六日

西洋作曲法的變遷　嘉白　覺悟十三年二月二十五日

戲劇的各種樣式　子戒　世界日報週刊之一十六年七月廿五日，十月十日

編劇的新藝術　C. Hamilton著　謝之譯　大公報戲劇十七年二月十五日至二十九日

舊劇本之甄別　老胥　大公報戲劇十七年三月十四日

劇本之甄陶舉例　老胥　大公報戲劇十七年四月四日

從小說編成戲劇的要素　吳家盛　大公報戲劇十七年五月二日

今後新劇劇本創造採用　吳家盛　大公報戲劇十七年五十七日至二十三日
中西劇本中之婦女與家庭　一士　大公報戲劇十七年五月三十日
劇本修詞之討論　吳家盛　大公報戲劇十七年七月十八日
劇本平議　爛葡萄館主　世界日報週刊之一十七年十月十五日
戲劇的結構　熊佛西　大公報戲劇十七年十月十七日
論戲劇的奏法　鯀　大公報戲劇十七年十二月二十六日
談談譒譯劇本　馬一民　世界日報週刊之六十八年四月六日戲劇週刊第二期
流產的劇本與劇本的流產　狂雲　河北民國日報副刊十八年五月六日
戲詞的研究　慶　大公報戲劇十八年五月二十四日
戲劇之參互比較　閣　大公報戲劇十八年八月二十三日
談談選擇劇本的標準　胡逸雲　世界日報週刊之六十八年九月二十八日
戲劇中之翻案文章　鯀佛　大公報戲劇十八年十一月一日
介紹『南國社』二次公演的幾個戲本　南　世界日報十八年十一月二日

編輯舊劇之五難說　雷陽漁父　新晨報十八年十一月十六日（以前還有）十一月二十三日

西洋編劇和佈景關係的小史　汪仲賢　戲劇（新中華戲劇社）二卷一號

論編戲須分高下各種　齊如山　春柳一年二期

由看戲談到譯戲　夏棠以　春潮月刊一卷五期

論舊戲中之烘托法　齊如山　春柳一年一期

編劇的層序　陳治策　戲劇與文藝一卷二期

編劇的技術　陳大悲　戲劇（新中華戲劇協社）二卷一號至四號

劇本創作的商確　王統照　戲劇（民衆戲劇社）一卷六號

關於劇本的考察　葛何德譯　奔流一卷六期

綺霞新劇之我見　棘公　戲劇月刊一卷十號

中國戲曲的選本　鄭振鐸　小說月報十七卷號外

商改戲詞平議　陳道安　戲劇月刊一卷四期

劇本的詞句　爛葡萄館主　世界日報十七年八月十三日副刊

4. 演劇

臉譜——打把子　張厚載　新青年五卷四號　七年十月

英國愛白二氏的合同演劇　徐半梅　戲劇一卷二期　十年六月

光明運動的開始　鄭振鐸　戲劇一卷三期　十年七月

新中華戲劇運動的大同盟　陳大悲　晨報附鐫十一年二月十三日

戲劇學校的必要及其辦法　治策　戲劇二卷四號　十一年四月

佈景的簡單化　上沅譯　晨報附鐫十一年八月九日至十五日

戲劇學校概論　陳大悲譯　晨報附鐫十一年九月二十六日至二十七日

懇親會式的演劇　西瀅　晨報附鐫十三年三月二十四日，二十五日

舊都劇事變遷述概　閣　大公報戲劇十八年二月一日

從藝術演奏會說到小劇院運動　紀哲　大公報戲劇十八年七月十二日

莎士比亞劇演出之變遷　田漢譯　南國月刊三期

演劇改革的基本問題　毛文麟　創造月刊二卷二期

演劇運動之意義　沈起予　創造月刊二卷一期
表演的基本　熊佛西　戲劇週刊第一期
化裝術　陳治策譯　戲劇與文藝一卷一期
日本『演劇實驗室』六年間的回顧　高明　南國周刊八期
南國演劇參觀記　施寄寒　戲劇與文藝一卷四期
演劇雜記　陶晶孫　樂羣月刊一卷五期

## 5. 劇院

小戲院的意義由來及現狀　宋春舫　東方雜誌十七卷八號　九年四月
民衆戲院的意義與目的　沈澤民　戲劇一卷一期　十年五月
古拉英的獨立劇場　徐半梅　戲劇一卷一期　十年五月
無形戲場　徐半梅　戲劇一卷一期　十年五月
一封談無形劇場的信　徐半梅譯　戲劇一卷二期　十年六月
美國的劇場公會　汪仲賢譯　戲劇一卷四期　十年八月

德國的自由劇場 徐半梅 一卷四期 十年八月

舞臺監督術底本質 徐半梅譯 戲劇二卷一號二號 十一年二月

新俄國的劇場 化魯 東方雜誌十九卷四號 十一年二月

現代俄國和波蘭的戲院 畢樹棠 晨報附鐫十一年四月二十八日至三十日

蘇維埃俄國戲院小史 畢樹棠譯 晨報附鐫十一年五月二十七日至三十日

中國戲劇革命與小劇場運動 谷劍塵 覺悟十二年五月二十一日

猶太戲院 美國馬德生著 畢樹棠譯 晨報附鐫十二年三月十六日

小戲院的試驗 西瀅 現代評論十四年三月七日

舞臺藝術 沈召棠譯 晨報附鐫十四年三月十一日至四月十四日

民衆劇院 羅曼羅蘭 晨報副刊十四年十一月十二日

劇院藝術 戈登克雷 晨報副刊十五年七月八日

小劇院之勃興 馬楷 晨報副刊十五年八月五日

蘇聯劇場的變革 R. 現代小說三卷一期

蘇俄劇場印象偶記 李雲英 南國週刊九期

舞臺裝飾之演進 張鳴琦 戲劇與文藝一卷六號

舞臺上的色彩 張鳴琦 戲劇與文藝一卷一期

小劇塲運動與中國戲劇 謝與 戲劇與文藝一卷六號

小劇塲與中國戲劇 同 戲劇週刊十六期

鼓吹——小劇塲運動 劉曼虎 戲劇週刊十一期

記北平戲園之柱聯 小織簾館主 戲劇月刊一卷三期

## 6. 戲劇批評

今之所謂評劇家 劉半農 新青年五卷二號 七年八月

戲曲應如何批評 均一譯 太平洋三卷四號 十一年二月

夠得上什麼話資格的劇評和我近來對於劇評的感想及希望 葉風虎 晨報副刊十一年五月十日至十一日

論戲劇批評 余上沅 晨報副刊十五年八月二十六日

論劇評 熊佛西 晨報副刊十六年三月二十六日

劇評　王瑞麟　世界日報週刊之一十六年五月十六日

論評劇　醒難　益世報十八年四月十二日

## 7. 戲劇與其他

文學進化觀念與戲劇改良　胡適　新青年五卷四號　七年十月
內容：(1)悲劇的觀念(2)文學的經濟方法

文學與戲劇　張毓桂　東方雜誌十七卷十七號　民鐸雜誌二卷二號，三號　九年九月

戲劇與小說　陳亘猷　北大月刊一卷八號　十年二月

論戲曲與社會改良　華桂馨　學衡四期　十一年四月

舞臺上的克里區敦與白幕上的克里區敦　陳大悲　晨報附鐫十一年十月十九日

電影與演劇藝難易觀　谷劍塵　覺悟十二年四月二十三日

看新劇與學時髦　西瀅　晨報副刊十二年五月二十四日

平民與戲劇　季樹　民國日報特刊十三年四月

愛爾蘭與戲劇　畢樹棠　京報副刊十四年二月八日

戲劇與彫刻　鄧以蟄　晨報副刊十五年八月十二日

戲劇與民衆　熊佛西　大公報十七年七月十一日

戲劇與文詞　凌霄漢閣主　世界日報週刊之一十七年十月二十二日

文學與戲劇　孟　大公報戲劇十七年十一月十四日至二十一日

戲劇與民衆　滑夫　新晨報副刊十八年三月二十七日

藝術與戲劇　雲馨　新晨報副刊十八年四月八日

再論舊劇的末路和梅蘭芳渡美　馬一民　世界日報十八年十一月二十三日

原始民俗藝術與戲劇　趙簡子　民俗五十七，五十八，五十九，期

近代劇和世界思潮　宮森麻太郎　周建侯譯　戲劇(新中華戲劇協社)二卷二號

戲劇與人生　衞中　戲劇二期

平民戲劇與平民敎育　熊佛西　劇劇與文藝一卷二期

我們的戲劇與天津民衆　熊佛西　戲劇與文藝一卷六號

戲劇指導社會與社會指導戲劇　大悲　戲劇(民衆戲劇社)一卷二號

「民衆戲曲」的序論平民與劇　晝室　莽原合本二卷下册

論電影與新戲之於社會上之關係　濤痕　春柳一年四期

### 8. 影戲

活動影戲發達之將來　羅羅譯　東方雜誌十六卷四號　八年四月

內容：(1)純娛樂的　(2)純教育的　(3)國家的　(4)商業的。

中國影片企業家的三個惡夢　陳大悲　東方雜誌二十一卷十六號　十三年八月

國產片的研究　李綺生　世界日報副刊十七年一月十五日，二十二日

國產影片幾個問題　白丁　世界日報十七年四月二十二日

從電影論到觀衆　柯　世界日報十七年八月十九日副刊

電影的起因及在藝術上的價值　胡春冰　戲劇月刊（未見原刊）

一九二六年之國產電影　谷劍塵　一般二卷一號

### 9. 中國戲曲

#### (1) 通論

新文學及中國舊戲　張厚載　新青年四卷六號　七年六月

隨感錄——對於舊劇的感想 錢玄同 新青年五卷一號 七年七月

戲劇改良各面觀 傅斯年 新青年五卷四號 七年十月 附錄歐陽予倩的予之戲劇改良觀及張厚載的我的中國舊劇觀

再論戲劇改良 傅斯年 新青年五卷四號 七年十月 內容：(1)答張繆子論舊戲 (2)編劇問題

論中國舊戲之應廢 周作人 新青年五卷五號 七年十一月

新劇底討論 蘇熊瑞等 新青年九卷二號 十年六月

上海的戲劇界 陸明悔 戲劇一卷三期 十年六月

我個人對於新中華戲劇協社的意見與希望 陳大悲 晨報副刊十一年二月十四日

我之舊劇一夕談 鄭鳴岡 晨報附鐫十一年十二月七日

看了本月十四日本刊的劇評以後 偈若 晨報副刊十一年二月十九日

爲學生新劇團進一解 張正藩 戲劇二卷三號 十一年三月

南通西安兩處戲劇敎育的底比較觀 蒲伯英 戲劇二卷三號 十一年三月

我希望學生新劇團實行男女合演 熊佛西 戲劇二卷四號 十一年四月

上海戲劇界的春季漫評 陸明悔 戲劇二卷四號 十一年四月

讀了莊士敦中國戲劇以後　上沅　晨報副刊十一年十一月六日

上海的戲劇　荊生　晨報副刊十二年三月十五日

現代戲劇藝術在中國的目的　愛羅先珂　晨報附鐫十二年四月一日

中國戲劇的三條路　周作人　東方雜誌二十一卷二號　十三年一月

評中國戲劇的三條路　洪爲法　學燈十三年八月十二日至十三日

晉劇探源　劍　京報副刊（戲劇）十四年五月四日

劇評中間牽涉西林　通信　西瀅　京報副刊十四年五月十五日至十九日

北京劇界之進步觀　菁　京報附設之一種週刊十四年七月十三日

日本人之中國劇曲論　京報附設之第一種週刊十四年十月五日，十月十九日

上海的小戲　顧頡剛　晨報副刊十五年二月二十四日

中國語言與中國戲劇　楊振聲　晨報副刊十五年七月份

九十年前的北京戲劇　顧頡剛　晨報副刊十五年七月廿二日

國劇　P.S.　世界日報（戲劇）十五年八月二日

舊劇的如是觀 李朴園 世界日報（戲劇）十五年八月二日至八月二十三日

舊戲之圖畫的鑒賞 俞宗杰 晨報副刊十五年八月二十六日

中國戲劇三大派 徐凌霄 世界日報週刊之一 十五年十一月二十九日

戲曲彙考 傅惜華 北京益世報十五年十月六日，十六年五月三十一日

戲劇之變遷 齊如山 南金一號，八號，九號 晨報副刊十六年六月一日八月三日

我們的戲劇 子戒 世界日報週刊之一 十六年七月十一日

中國戲劇之特色與弱點 莊士敦 得平譯 大公報戲劇十七年二月十五日

舊劇精神之管見 白林 大公報十七年六月十三日

談劇漫筆 凌霄漢閣主 世界日報副刊十七年八月二十日，九月二十四日，十月八日十二月九日

如山談劇 齊如山 世界日報副刊十七年九月十七日

舊劇與新劇 嘯空 世界日報週刊之一 十七年十月二十二日

關於中國的戲劇 李川針 大公報十七年十月二十四日，十二月五日

舊都劇事述概之提綱 闇 大公報戲劇十八年二月八日

舊都劇曲之變遷　閑　大公報戲劇十八年二月十五日，三月二十二日

元劇漫話　傅惜華　益世報十八年四月十二日

九畹室談劇　舜九　益世報十八年四月十二日，五月十一日

舊劇的末路　馬一民　世界日報週刊之六十八年六月十五日戲劇週刊十二期

宋元話本之研究　黎錦熙　新晨報副刊十八年八月五日

錄曲餘談　王國維　國粹學報第六年五號至七號　宣統二年五月

普通樂曲的種類　傅彥長　覺悟十二年六月十一日

南北戲曲概言　吳梅　國學叢刊一卷三期　十二年九月

元曲研究　鐵郎　學燈十二年十一月二十三日

元曲選叙錄　顧頡剛　學燈十三年十月一日

讀曲漫錄　易　學燈十三年十一月十七日

中國戲曲第一期文學大綱第十五章　鄭振鐸　小說月報十六卷一號　十四年一月

崑曲之意義與唱法　金刀　京報附設之第一種週刊十四年十月五日

從元曲發達之原因說到現在的元曲 張壽林 晨報十六年十二月二十八日至三十一日

曲調之正名 閻 大公報戲劇十八年三月二十九日至四月二十六日

雅曲釋義 霄 大公報戲劇十八年十一月一日

外國樂曲輸入中國的譯音變化 徐嘉瑞 國學月報二卷十一號

論元曲中的小令和套數 陳斠立 中大季刊一卷一號

唐宋大曲考 王國維 國學論叢一卷三號

宋大曲考 王國維 國粹學報六卷一號至六號

散曲之研究 任二北 東方雜誌二十三卷七號 二十四卷五號至六號

崑曲一夕談 天鸞子述 慕椿軒訂 春柳一年一期至二期

曲譜 二北 國聞週報三卷十一號至四十二號

說作曲法子 吳瞿安 東南論衡一卷十六期

舞蹈曲的大略 農隱 婦女雜誌十二卷五號

曲海一勺 姚華 庸言一卷十五號

一句成語在元曲中之發現幷質疑　鄭賓于　陳垣　北京大學研究所國學門週刊一期

崑曲簡要序　齊如山　戲劇月刊一卷二期

論唐代佛曲　覺明　小說月報二十卷十號

笠翁十種曲　朱湘　小說月報十七卷號外

陽關曲考　王秋　晨報副刊十六年九月十三日至十五日

採蓮曲考　朱壬秋　北京益世報十七年七月三十一日至八月二日

北方的小曲　馮式權　東方雜誌二十卷六號　十三年三月

讀曲跋　劉復　學藝雜誌二卷一號　九年四月

蕖猗室曲話　姚華　庸言一卷六號至二十三號

瞿安讀曲跋　吳梅　國學叢刊三卷一期

「霓裳續譜」一斠　徐玉諾　明天半月刊二卷一號，二號

中國戲劇概評　齊　大公報文學副刊十八年十月七日

中國之演劇界　觀雲　新民叢報第三年十七號

京派新戲和海派新戲的分析 徐小汀 戲劇月刊一卷三期

明淸戲曲特色 顧敦鍒 燕京學報二期

元明雜劇傳奇與京戲本事的比較 賀昌羣 文學週報四卷

兩宋同遼的雜劇及金元院本的結構考 馮式權 東方雜誌二十卷二十一號

元代的戲曲 謝婉瑩 燕京學報一卷一號

元劇略說 吳瞿安 小說月報十七卷號外 東南論衡一卷十一期至十三期

談二黃戲 歐陽予倩 小說月報十七卷號外

引子研究 傅惜華 坦途十期

中國戲天然革命的趨勢 蒲伯英 戲劇(新中華戲劇協社)二卷二號

舊劇評價的討論 王瑞麟 戲劇與文藝一卷一期

改良舊劇之我見 馮煥儂 戲劇月刊一卷六期

中國舊戲改良我見 雁冰 戲劇(民衆戲劇社)一卷四期

最年靑的戲劇 余上沅 新月創刊號

中國戲劇運動的苦悶　馮乃超　創造月刊二卷二期

戲曲沿革　劉豐叟　戲劇月刊一卷四期

國劇運動　余上沅　現代評論六卷一四二期

國劇與舊劇　熊佛西　現代評論五卷一三零期

中國戲劇的途徑　余上沅　戲劇與文藝一卷一期

中國戲劇畧說　洪深撰　張志超譯　學衡四十五期

小說考證附錄戲劇考證　蔣瑞藻　東方雜誌十六卷四號，七號

戲曲考原　王國維　國粹學報四卷十一號　五卷一號　按此書未刊完全書已收入晨風閣叢書

原戲　劉師培　國粹學報三卷九號　有單行本

三十年來越劇之變遷　周錦濤　戲劇月刊一卷六期

對於粵劇裏的音樂之研究　易秋霜　戲劇一期

怎樣來改良粵劇　易建盦　戲劇二期

粵劇北劇化的研究　歐陽予倩　戲劇一期

粤劇論　疆漸　戲劇一期

上海戲劇變遷志　海上漱石生　戲劇月刊一卷一期至六期

民衆劇南國及其他　鄭千里　南國週刊五期

我所希望於天津戲劇界的一點點　貢慧　戲劇與文藝一卷六號

陝西戲劇之概况　尤卓厂　戲劇月刊一卷四期

余之新劇觀　陶報癖　繁華雜誌四期，五期

論戲劇之中州韻有統一語言之能力　齊如山　戲劇月刊一卷三期

優語錄　王國維　國粹學報六卷一號至四號

一年來的回顧　雲臻　戲劇週刊十五期

（2）專論

A　舊劇

西廂劇本考　傅惜華　坦途二期

西廂的批評與考證　張友鸞　小說月報十七卷號外

西廂記的考證問題　謝康　小說月報十七卷號外

董西廂與王關西廂之比較　作舟　北京益世報十五年五月四日五月十五日

讀「琵琶記」　黃雲好　學燈十三年四月二十六日

元吳昌齡西游記雜劇之研究　傅惜華　南金一號

目連戲考　錢南揚　北京大學研究所國學門月刊一卷六號　國學月刊一卷六號

目蓮救母行孝戲文研究　日本倉石武四郎著　汪馥泉譯　小說月報十七卷號外

讀日本倉石武四郎的「目蓮救母行孝戲文研究」　錢南揚　民俗七二期

讀「目連戲」　開明　語絲廿五期十四年二月二十三日

尤西堂的戲曲　顧敦鍒　睿湖期刊一期

關於紅樓夢之戲曲　傅惜華　益世報十八年五月十日，十七日

論三國演義劇本　齊如山　世界日報副刊十六年四月十日，十二日

長生殿跋　吳梅　國學叢刊一卷三期　十二年九月

南柯記跋　吳梅　國學叢刊一卷三期　十二年九月

四聲猿跋　吳梅　國學叢刊一卷三期十二年九月

俊襲人　齊如山　世界日報副刊十七年九月十日十七日二十四日十月八日十五日

武家坡之新舊劇詞與劇情之商榷　肖伧　戲劇月刊二卷一號

武家坡　銀語　世界日報副刊十七年九月十七日二十四日

譚全本浣花溪劇本　友珍　世界日報副刊十七年十一月二十五日十二月二日

狸貓換太子故事的演變　胡適　現代評論十四卷五期

救風塵　朱湘　小說月報十七卷號外

吟風閣　朱湘　小說月報十七卷號外

綴白裘索引　西諦　文學週報四卷一〇二，一三二，頁。

注：綴白裘是中國戲劇的選集，共十二集

清代昇平署戲劇十二種校勘記　劉澄清　國學月刊一卷七號，八號

北京大學研究所國學門月刊一卷七號，八號

舊刻元明雜劇二十七種序錄　趙萬里　清華學報二卷二期

湖南唱本提要序　容肇祖　民俗六十六期

湖南唱本提要自序　姚逸之　民俗六十四期

湖南唱本提要序　顧頡剛　民俗六十四期

梅蘭芳號　西原等　文學週報八卷三號

梅蘭芳之太眞外傳　沛綸　戲劇月刊二卷一期

## B　新劇

評新劇本『新村正』　宋春舫　新潮一卷二號　八年二月

評高師新年游藝會的新劇　孫景章　戲劇二卷一號　十一年一月

看了女子新劇之後　演存　晨報副刊十一年十月三日

清華童子軍演的『金銀島』　止水　晨報副刊十一年一月十五日至十六日

關於「幽蘭女士」劇本的疑問　大悲　晨報副刊十一年一月二十六日

評五齣上海時髦戲　陸明悔　戲劇二卷二號　十一年二月　五齣：(1)諸葛亮招親　(2)關公出世　(3)丹桂第一台的戲　(4)華倫夫人之職業　(5)飽超招親

評高師劇團演的幽蘭女士　偈若　晨報副刊十一年二月六日

看了北高師新劇團舊新年底文藝會以後　舒愛青　晨報副刊十一年二月九日

陰曆新年高師新劇社之良心　胡毅　晨報副刊十一年二月十二日

看了高師幽蘭女士戲劇後幾個零零碎碎的疑問　葉風虎　晨報副刊十一年二月十三日

評評高師劇團演的幽蘭女士　劉開渠　晨報副刊十一年二月十四日

看過高師演幽蘭女士以後　璵　晨報副刊十一年二月十六日至十七日

燕大女校扮演莎士比亞名劇　仲密　晨報副刊十一年十二月十八日

從高師演劇批評得來的教訓和我的希望　晨報副刊十一年二月二十一日至二十二日

女高師遊藝會新劇說明　周瑩　晨報副刊十一年二月二十三日

看了二十五晚孔雀東南飛以後　朔水　晨報副刊十一年三月三日

評二十六晚的幽蘭女士　朔水　晨報副刊十一年三月四日

我對於孔雀東南飛底提議　許地山　晨報副刊十一年三月五日

對於女高師遊藝會所演新劇葉啟瑞的感想和研究　袁晴暉　晨報副刊十一年三月八日至九日

看了北大平民夜校新劇以後　巫啓瑞　晨報副刊十一年三月十日　附：中有評幽蘭女士

對於高師所演『可憐閨裏月』的我見　曹惇頤　晨報副刊十一年三月二十三日

評北大的新劇『母』　朗　晨報附鐫十一年四月七日
我的反對時裝的『孔雀東南飛』的意見　蕭堅白　晨報副刊十一年四月十一日
今晚美術學校的美術　大悲　晨報副刊十一年四月十六日
與止水先生論拙著『這是誰的罪』劇本　評梅　晨報副刊十一年四月十七日
看了美術學校的兩個劇　馬公弢　晨報副刊十一年四月二十六日
讀「長子」之後　張漢林　學燈十二年一月一日
看了夫人歸來以後　芳信　晨報副刊十二年一月八日至九日
評賴婚影片　伏園　晨報副刊十二年一月二十二日
觀北京大學學生演劇和燕大女校學生演劇記　愛羅先珂　晨報副刊十二年一月六日
看了北大學生聯合劇團演劇後的感想　胡勤業　晨報副刊十二年二月十二日
賴婚與愛情　費覺天　晨報副刊十二年三月四日
賴婚結構之缺點與觀衆領受之錯誤　吳天放　晨報副刊十二年三月十五日
對於『忠孝家庭』劇本一點意見　張家鼎　晨報副刊十二年三月三十一日

看了黑將軍以後　徐志摩　晨報副刊十二年四月十一日至十四日

對於陳大悲君之腥威將軍的威味的批評和忠告　朱企洛　晨報副刊十二年四月十八日

看了女高師兩天演劇以後的雜談　仁佗　晨報副刊十二年五月十一日

看了『那拉』後的零碎感想　芳信　晨報附鐫十二年五月十二日

又看了女高師兩天演劇後的雜談　林如稷　晨報附鐫十二年五月十六日

女高師演的『那拉』　何一公　晨報附鐫十二年五月十七日

『英雄與美人』悲劇的我見　唐性天　晨報副刊十二年七月一日

觀『英雄與美人』後　李宗侗　晨報副刊十二年十月四日

評『道義之交』劇本　何一公　晨報副刊十二年十月二十六至三十日

戲劇協社的三齣獨幕劇　雪　學燈十二年十二月十五日

讀「孔雀東南飛」的一段說話　楊章人　學燈十三年二月十五日

評『自由魂』　陶然　晨報副刊十三年四月三日

看「自由魂」後的我見　任國楨　晨報副刊十三年四月五日

讀桃色的雲　國鈞　晨報副刊十三年四月十一日

讀『蔓蘿姑娘』　萍霞　晨報副刊十三年九月廿八日

加爾曼的愛　謝六逸　學燈十四年一月十九日至二月九日

看「弟弟」後　伏園　京報副刊十四年二月十一日

「少奶奶的扇子」之厄運　培良　京報副刊十四年二月十三日

評「畫家的妻」　向培良　京報副刊十四年三月九日

演「一隻馬蜂」後　孫師毅　晨報副刊十四年三月九日至十一日

看少奶奶的扇子　楊聲初　京報副刊十四年三月二十五日

談談女師大的『少奶奶的扇子』　佛儒　京報附鐫十四年三月二十六日

長城之神前序　梁實秋　晨報副刊十五年三月二十二日

三名劇比較論　王古魯　世界日報副刊十五年九月二十日九月二十三日

剖析「一片愛國心」　李珥彤　世界日報週刊之一十五年十一月二十九，十二月六日

劇後　曼郎　大公報（白雪）十六年一月一日

孔雀東南飛　凝雲　大公報（白雪）十六年一月八日

讀了「棄婦」劇本以後的我見　項開驥　新晨報副刊十七年十二月二十七日

也談談「醉了」　宋元明　新晨報副刊十七年十二月二十八日

金錢與愛情　寧　大公報戲劇十八年三月二十九日

談「啞妻」　ST　大公報戲劇十八年六月二十八日

看了「啞妻」之後　民城　大公報戲劇十八年七月十九日

田漢先生的「薔薇之路」　張友鸞　鸞鸞週年紀念刊

「蟋蟀」排演參觀記　劉曼虎　戲劇週刊第八期

可憐天下父母心　顧肯夫　世界日報副刊十七年三月十一，二十五日

讀「往星中」　李留長　莽原一卷上册

序「往星中」　韋素園　莽原一卷上册

評三齣創作的劇本　顧仲彝　新月一卷八號　1.田漢的湖上悲劇　2.劉大杰的十年後　3.劉大杰的白薔薇

青年會歸來——一點對葳娜劇社表演的感想　鳴琦　戲劇週刊第四期

新的歷史戲曲集序　陳勺水　樂羣半月刊三期

巴喀——讀書雜記之一　子戒　戲劇週刊第六期

看過愛的寃家以後　郝農生　戲劇週刊第五期

導演之一——酒後　雪川　戲劇週刊第三期

導演之二——壓迫　雲臻　戲劇週刊第四期

談談「父歸」　康子　戲劇週刊十期

看了「醉了」與「啞妻」　貫蕙　戲劇與文藝一卷六號

看了「少奶奶的扇子」之後　矢口　南開大學週刊五十期

幽蘭　李濟　清華學報二卷二號

評「壓迫」與「一片愛國心」　逸園　戲劇與文藝一卷六號

「一片愛國心」的幾行同情淚　遜之　戲劇與文藝一卷六號

看了「一片愛國心」以後　聊止　戲劇與文藝一卷六號

10　外國戲劇

**西洋劇談** 歐陽予倩編譯 戲劇一卷一期 十年五月

**德國之表現派戲劇** 宋春舫 東方雜誌十八卷十六號 十年八月

**英國戲劇與莎士比亞** 志廉 學林雜誌一卷一期 十年九月
內容：(1)英國戲劇名家莎士比亞 (2)紬廉莎士比亞 (3)莎士比亞的著作 (4)莎士比亞在文學上的地位及其影響 (5)莎士比亞死後的英國戲劇 (6)結論

**現代意大利戲劇之特點** 宋春舫 東方雜誌十八卷二十號 十年十月

**法蘭西戰時之戲曲及今後之趨勢** 宋春舫 東方雜誌十八卷二十一號 十年十一月

**英國近代劇底消長** 雨蒼譯 晨報附鐫十一年八月二十九至三十一日

**法蘭西戲曲之畧述** 訟鹵 學生雜誌十九卷九號 十一年九月
內容：述自中古至當代之法蘭西戲曲

**新俄戲劇報告** 陳啟修 覺悟十三年三月十六日

**新俄戲劇界近訊** 陳啓修 晨報附鐫十三年三月十三日

**近代法國寫實派戲劇** 胡愈之譯 小說月報十五卷號外 十三年四月
內容：(1)法國戲劇之發展 (2)心理派 (3)法蘭西喜劇 (4)社會學派 (5)人道主義派

**大戰前與大戰中的法國戲劇** 王統照 小說月報十五卷號外 十三年四月

西方戲劇之派別　霄　京報附設之第一種週刊十四年十一月九日

現代美國劇　子戒　世界日報週刊之一十六年五月三十日

西洋歌劇談略　陳浸　晨報副刊十六年六月二十二日至二十七日

法國戲劇的起源　郭麟閣　世界日報週刊之七　十六年七月十七日

法國戲劇的演化　郭麟閣　世界日報週刊之七　十六年十月二十三日，十一月十二日

對於希臘戲劇的一知半解　達　大公報戲劇十八年四月十九日，五月二十四日

新世紀的法國戲曲　魯鈍　新晨報副刊十八年五月二十八日六月三日

法國名劇新譯　毅永　大公報文學副刊十八年六月二十四日

近代俄國底戲劇文學　丁文　新晨報副刊十八年九月二十五日

梵劇體例及其在漢劇上底點點滴滴　許地山　小說月報十七卷號外

印度戲劇之理想與動作　許地山　戲劇與文藝一卷二期

日本戲劇運動的經過　日本小山內薰著　歐陽予倩譯　戲劇三期

最近德國的劇壇　趙景深譯　北新半月刊　三卷十三號

美國近代劇之消長　舟橋雄著　周學溥譯　戲劇（民衆戲劇社）一卷一期

法國現代戲曲的派別　朱春舫　猛進十四期

現代法國劇壇之趨勢　歐陽予倩　戲劇二期

蘇俄革命在戲劇上的反應　白克許著　小說月報二十卷一號

莎氏樂府談　太平洋一卷九號　七年一月

演完太戈爾「齊德拉」之後　瞿世英　戲劇一卷六期　十年九月　內容：（1）批演西洋劇本問題，（2）翻譯西洋劇本問題，（3）觀衆的訓練

譯「黑暗之勢力」　濟之　戲劇一卷六期　十年十月

紐約觀劇第一記　漢波　戲劇二卷二號　十一年二月

讀唐綏尼的劇本「山神」　太一　晨報副刊　十一年十二月十八日

哥德的浮士德　張聞天　東方雜誌十九卷十五號　十一年六月　內容：（1）哥德與浮士德，（2）浮士德的來源，（3）浮士德第一部的概略，（4）浮士德第二部的概略，（5）浮士德中所包含的根本思想。

看了易卜生的國民公敵以後　郭豫育　覺悟十一年七月二十二日

德林克華德的「林肯」　徐志摩　晨報副刊十二年五月三日至七日

讀高斯倭綏的「公道」　上沅　晨報副刊十二年五月十五至十八日

太戈爾的戲劇和舞臺　仲雲譯　小說月報十四卷九號十二年九月

太戈耳第二集戲曲集　江紹原　現代評論十四年四月四日

譚譚「傀儡之家」　沈雁冰　文學週報一七六期　十四年六月

評郭沫若譯「浮士德」上部　素癡　大公報文學副刊十七年四月二日

從「意大利戲劇」說到「打猥」　王瑞麟　世界日報週刊之六十八年四月六日　戲劇週刊二期

哥爾獨尼與「女店主」　不肖　世界日報副刊十八年十一月十六日

伯爾根（Peer Gynt）底批評　袁振英　泰東月刊二卷四期　易卜生作

釋勒對於「强盜」的自評　楊丙辰譯　明天半月刊二卷三號，四號，五號

「强盜」初版原序　楊丙辰　莽原合本二卷上册

莎翁的 As you like it　采眞　語絲一一五期

莎翁劇之疑問　半梅譯　戲劇（民衆戲劇社）一卷五號

茶花女的前前後後 夏康農 春潮月刊一卷六期

談談茶花女劇本 漢達林 文學週報六卷八期

譯茶花女劇本序 劉復 語絲八十八期

## 五、小說

### I. 通論

論艷情小說 程公達 學生雜誌一卷四號 三年十二月

論小說及白話韻文 胡適 新青年四卷一號 七年正月

論短篇小說 胡適 新青年四卷五號 七年五月
內容：(1)什麼叫做短篇小說 (2)中國短篇小說的略史 (3)結論

通俗小說之積極教訓與消極教訓 劉復 太平洋一卷十號 七年七月
內容：(1)化消極為積極 (2)以積極襯托消極 (3)以消極打消消極 (4)以積極打消消極 (5)消極積極循環打消

短篇小說是什麼 張毅漢 小說月報十一卷九號 九年九月

自然派小說 謝六逸 小說月報十一卷十一號 九年十一月

小說的研究 瞿世英 小說月報十三卷七號至九號 十一年七月
內容：(上)小說的研究——小說與詩——小說與戲劇——小說與科學—

—小說與哲學。(中)人物—佈局—安置。(下)小說作家—寫實派小說—浪漫小說—中國的小說—中國現在的創作界—結論。

論現代的小說　英國 H. G. Wells 著　王靖譯　東方雜誌十九卷十九號　十一年十月

小說通義　陳鈞　文哲學報第三期　十二年三月

小說的使命　楚茨　覺悟十二年九月十六日

論說部與文學之關係　劉師培　國粹學報第三年第十一册

短篇小說的研究　包壽眉　學燈十三年四月三日至十日　內容：(1)導言，(2)短篇小說之歷史，(3)短篇小說之定義，(4)短篇小說之性質，(5)短篇小說之分類，(6)短篇小說之作法，(7)結論。

很妙的「很妙的短篇小說之研究」　毅　學燈十三年四月十四日

短篇小說之創作　胡雲翼　學燈十三年六月十九日至二十一日　內容：(1)創造與模仿　(2)寫什麼　(3)怎樣寫

什麼是小說　楊鴻烈　京報副刊十三年十二月十八日十九日　內容：(1)中國方面小說的定義　(2)歐美方面小說的定義

異哉所謂「小說學」者　蒲君　學燈十四年三月四日

小說之評論　莫伯桑 Maupassaut 著　金滿城譯　小說月報十六卷四號　十四年四月

譴責小說　西諦　文學週報一百七十六期　十四年六月

短篇小說研究 查迅波 學燈十四年八月二十一日至二十五日
內容：(1)短篇小說的歷史 (2)短篇的本質 (3)短篇的構造

短篇小說的二重理想 韻鐸 世界日報副刊十六年二月二十二日至二十四日

批評的方式應用到小說上去 左拉 ZoLa 著 郭麟閣譯 世界日報週刊之七十六年
六月十二日

小說的人物 壬秋 晨報副刊十七年五月一日，十四日

短篇小說的藝術 壬秋 晨報副刊十七年一月一日至九日

作小說須知 水 世界日報十七年八月二日副刊

小說對話之研究 高映璧 世界日報十七年八月二日副刊

小說對於切要描寫之研究 宋韻泳 世界日報週刊之四十七年八月九日八月十六
日

小說之字裏行間 水 世界日報週刊之四十七年八月九日

小說的特徵 業棻 世界日報副刊十七年八月六日

作小說應有的步驟 林達 世界日報副刊十七年八月二十三日

章與回 水 世界日報副刊十七年八月二十三日

關於小說的描寫 馬孟津 世界日報副刊十七年八月二十三日

關於滑稽小說　林逹　世界日報副刊十七年八月三十日

神怪小說　朱壬秋　世界日報副刊十七年九月十三日

短篇小說底研究的我見　雪郁　世界日報副刊十七年九月六日，十三日，二十日

小說與青年　林逹　世界日報副刊之四十七年九月二十七日

小說的意義　林逹　世界日報週刊之四十七年十月四日

小說的佈局　秋　世界日報副刊十七年九月二十七日十月四日十八日

小說材料之搜集　林逹　世界日報週刊之四十七年十月十八日

短篇小說是什麽　楊丙辰　新晨報副刊十七年十二月一日至三日

短篇小說汎論　傅繼艮　新晨報副刊十八年四月九日四月十一日

現代短篇小說的回顧　傅繼艮　新晨報副刊十八年六月十五日

歷史小說論　郁達夫　創造月刊彙刊一集

寫實小說的命運　葉公超　新月創刊號

談社會小說　秋山　小說世界十三卷十九期，二十三期

小說概論 施畸 越光季刊紀念號一卷四號

托爾斯泰小說論 美，費爾普司著 趙景深譯 文學週報七卷八號，九號

小說作法十則 訥生 小說月報十八卷九號

短篇小說的結構 趙景深 文學週報五卷

關於白話短篇小說 馬廉 語絲一一一期

小說中神異事物之價値 小泉八雲 石民譯 語絲四卷五十一期

現代戀愛與現代小說 仲雲 婦女雜誌十一卷一號

胡適譯小說的經濟手段——刪節 雲裳 北新半月刊四十三期，四十四期

小說枝談 蔣瑞藻 小說世界十四卷一期 十六卷二十期

小說閒話 靈鳳 現代小說三卷一期

小說雜論存稿 葉楚傖 小說世界十三卷十期，十二期

辯筆記小說非 Short Story 艸艸 燕大月刊一卷三期

余之小說觀 覺我 小說林九冊至十冊

小說論及其他　達夫　洪水二卷

## 2. 中國小說

### (1) 通論

漢書藝文志以小說爲一家　姚愼石　北京益世報十七年九月二日至三日

說部流別　劉永濟　學衡四十期十四年
內容：(1)兩漢六朝雜記小說　(2)唐代短篇小說　(3)宋以來章回小說

中國小說史畧　廬隱　晨報附鐫十二年六月二十一日至九月十一日

中國小說談　葉楚傖　覺悟十二年七月二十四日

舊史家與小說界之一段因緣　甘蟄仙　晨報附鐫十三年十二月十一日

中國小說的第一期文學大綱第十六章　鄭振鐸　小說月報十六卷二號　十四年二月

中國小說提要　YK　學燈十四年五月二十五日
內容：1開闢演義　2五代評話　3新史奇觀　4鐵冠圖　5前七國志　6後七國志　7東周列國志　8隋唐演義　9說唐傳　10說唐小英雄傳　11說唐後傳　12說唐西征傳　13隋煬艷史　14二十四史通俗演義　15後列國志　16蕩平奇妖傳

節譯支那小說戲曲史概說 達年譯 時事新報學燈十六年一月八日

中國小說概論 汝舟 北京益世報十六年三月一日五月四十一日(未完)

中國小說概論 日本鹽谷溫著 君左譯 小說月報十七卷號外
外按此節譯中國文學概論之一章 概論今有節譯本樸社印行

中國小說研究 胡懷琛 小說世界十六卷十三期至二十五期

談中國小說 俞平伯 小說月報十九卷二號 燕大月刊一卷三期至四期

中國小說考源 胡寄塵 小說世界一卷十一期

小說考證 蔣瑞藻 東方雜誌十三卷七號 十六卷三號

小說考證續編 蔣瑞藻 東方雜誌十六卷八號至十二號
按以上兩書(小說考証)均已有單行本由商務印書館出版

小說叢考正誤 雪 小說世界十四卷七期

小說的畧史與歷代史家的觀念 舒嘯 小說世界八卷六期

巴黎國家圖書館中之中國小說與戲曲 鄭振鐸 小說月報十八卷十一號

兩宋小說史略 含涼 小說世界十三卷五期

宋民間之所謂小說及其後來 魯迅 晨報五週年紀念特刊

宋史中之小說人物考證　含涼　小說世界十三卷七期

明代之通俗短篇小說　馬廉　孔德月刊二期

明代之通俗短篇小說　馬隅卿譯　孔德月刊一期

明代之短篇平話　西諦　小說月報十七卷號外

明清小說論　謝无量　小說月報十七卷號外

日本最近發見之中國小說　西諦　小說月報十七卷號外

敦煌發見唐朝之通俗文及通俗小說　王國維　東方雜誌十七卷八號

白話小說起原考　方欣庵　中山大學語言歷史學研究所週刊五集五十二期

白話小說之演進　董魯安　世界日報附刊(苦果)十六年六月二十一日

中國之下等小說　劉復　太平洋一卷十一號八年四月
內容：(1)下等小說　(2)下等小說分類　(3)下等小說所用的材料　(4)評判下等小說　(5)思想上之評判

最近的中國小說　王統照　星海十三年八月一期

小說雜評　眞愚　北京益世報十六年一月十六日，二月一日

論記敘文中作者的地位幷評現今小說界的文學 西諦 立達季刊一卷一期 十四年六月

今日中國之小說界 志希 新潮一卷一號 八年一月

## （2）專論

### A 舊小說

水滸傳新考 胡適 小說月報二十卷九號

水滸傳的演化 鄭振鐸 小說月報二十卷九號

水滸傳之研究 潘力山 小說月報十七卷號外

水滸故事的演變 李玄伯 猛進二十八期，二十九期

論水滸傳七十回古本之有無 俞平伯 小說月報十九卷四號

讀水滸後傳雜識 文華 晨報副刊十三年四月二十五日至三十日

魯智深的家庭 西諦 小說月報十七卷號外

武松與其妻賈氏 西諦 小說月報十七卷號外

西遊記考證 胡適 讀書雜誌六期 按已收入胡適文存

讀西遊記考證　董作賓　讀書雜誌七期

水滸地理正誤　恨水　世界日報副刊十七年八月三十日九月六日十三日，二十日

供研究西遊記者參攷　浩川　覺悟十二年九月二十五日

西遊記民俗文學的價值　趙景深　覺悟十二年七月五日

三國志演義的演化　鄭振鐸　小說月報二十卷十號

攷證紅樓夢的新材料　胡適　新月創刊號

跋紅樓夢考證　胡適　努力週報一期

評胡適紅樓夢考證　黃乃秋　學衡三十八期

石頭記底風格與作者態度　俞平伯　學林雜誌一卷三期　十年十一月

內容：(1)石頭記是感歎自己的身世的　(2)石頭記是情場懺悔而作的　(3)石頭記是為十二釵作本傳的

紅樓夢新評　佩之　小說月報十卷六號七號　九年六月

內容：(1)緒言　(2)紅樓夢主義　(3)紅樓夢在文學上的價值　(4)紅樓夢的人生哲學　(5)紅樓夢的人物新評　(6)紅樓夢的缺點

紅樓夢的本子問題質胡適之俞平伯先生，容庚　北京大學研究所國學門週刊五期六期，九期，十一期

紅樓夢大事年表　易俊元　益世報十八年四月十四日八月十二日

紅樓夢年月摘疑　蔡錦遠　中國文學季刊創刊號

紅樓夢的地點問題　李玄伯　猛進八期　十四年四月

再論紅樓夢及其地點　李玄伯　猛進十二期

紅樓夢的地點問題並致兪君平伯　劉大杰　晨報副刊十四年四月二十日

再說紅樓夢的地點問題　劉大杰　晨報副刊十四年五月十一日

關於紅樓夢　兪平伯　京報副刊十四年一月十九日

修正紅樓夢辨的一楔子　平伯　語絲十一期　十四年一月二十六日

給兪平伯先生的一封信　延齡　京報副刊十四年一月二十五日
注：這封信是關于紅樓夢辨的，二十九日的副刊有（答
延齡先生的信）

知識與紅樓　平沙　覺悟十三年四月二十七日

告研究紅樓夢者　朱頊　學燈十三年二月二十三日

紅樓夢和兒女英雄傳的成書時代　大白　覺悟十三年三月三日

紅樓夢水滸儒林外史的奇辱　沈雁冰　學燈十三年四月七日

後四十回的紅樓夢　俞平伯　小說月報十三卷七號

高作後四十回底批評　俞平伯　小說月報十三卷八號　十一年八月

紅樓夢裏重要問題的討論及其藝術上的批評　劉大杰　晨報七周增刊

紅樓夢辨的修正　俞平伯　現代評論九期

紅樓夢裏的西洋物質文明　昌羣　貢獻旬刊三卷二期

讀紅樓夢剩語　王小隱　新中國二卷四號至八號

紅樓夢評　鐵雪　北京益世報十五年六月廿一日七月一日

王際眞英譯節本紅樓夢述評　餘生　大公報文學副刊十八年六月十七日

曹雪芹目中的「女性美」　淡厂　益世報十八年六月一日，六月六日

紅樓夢「脚」的研究　芙萍　益世報十八年四月十四日

唐六如與林黛玉　俞平伯　學燈十二年一月一日

石頭記索引第六版自序　蔡子民　晨報附鐫十一年二月二十一日

徐霞客遊記　丁文江　小說月報十七卷號外

讀儒林外史　游國恩　覺悟十三年一月十八日至三月四日

鏡花緣與中國神話　沅君　語絲五十四期

評九命奇冤　許君遠　晨報副刊十三年十二月八日至九日

批評九命奇冤　正厂　學燈十三年四月十五日

與胡適之先生論三俠五義書　李玄伯　猛進九期　十四年五月

今古奇觀之來源　小說月報十七卷號外　按此文轉載日本改造雜誌現代支那號（鹽谷溫的明代之通俗短篇小說的一段）

虞初小說回目考釋　顧頡剛　語絲三十一期

宣和遺事考證　汪仲賢　小說月報十七卷號外

聊齋白話韻文引言　馬立勛　新晨報副刊十八年四月十一日至十二日

關於遊仙窟　鄭振鐸　文學周報八卷二號

遊仙窟解題　山田孝雄作　謝六逸譯　文學周報八卷二號

京本通俗小說與清平山堂　東生　小說月報二十卷六號

京本通俗小說與清平山堂　馬廉　AC月刊一期至三期

京本通俗小說考評　黎錦熙　努力學報一期

侯方域的小說文學　胡懷琛　小說世界四卷十三期

柳宗元的小說文學　胡寄塵　小說世界四卷一期

歸有光的小說文學　胡懷琛　小說世界三卷一期

關於焚劍記等　柳無忌　語絲一四零期
注：焚劍記是蘇曼殊著的小說

蘇曼殊絳紗記之考證　柳亞子　語絲一百一十二期

擬重印浮生六記序　平伯　學燈十二年十月二十九日

## B　新小說

評冰心女士底三篇小說　佩蘅　小說月報十三卷八號　十一年八月
三篇小說：(1)超人　(2)愛的實現　(3)最後的使者

讀冰心作品誌感　直民　小說月報十三卷八號　十一年八月

讀了冰心女士的「離家的一年」以後　張友仁　小說月報十三卷八號　十一年八月

商人婦綴網勞蛛的批評　方典　小說月報十三卷九號　十一年九月

論冰心的超人與瘋人筆記　劍三　小說月報十三卷九號　十一年九月

評冰心女士的還書　觔厓　小說月報十三卷九號　十一年九月

對於寂寞的觀察　敦易　小說月報十三卷十一號　十一年十一月

讀「最後的使者」後之推測　式岑　小說月報十三卷十一號　十一年十一月

評葉紹鈞的祖母之心　超常　小說月報十三卷十一號　十一年十一月

讀冰心女士作品的感想　赤子　小說月報十三卷十一號　十一年十一月

創造第三期小說漫評　薙衡　覺悟十一年十二月二十六日

讀小說彙刊　陳偉謨　小說月報十三卷十二號　十一年十二月

評「命命鳥」　成仿吾　創造季刊二卷一號　十二年

一葉的評論　成仿吾　創造季刊二卷一號　十二年

評冰心女士的超人　成仿吾　創造季刊一卷四期　十二年二月

「殘春」的批評　成仿吾　創造季刊一卷四期　十二年二月

「沉淪」的評論　成仿吾　創造季刊一卷四期　十二年二月

評「車夫的婚姻」　夢華　學燈十二年二月九日至十日

讀心潮裏的五篇小說　許秀湖　學燈十二年二月十一日

讀後感　顧均正等　小說月報十四卷四號，五號　十二年四月
四號：(1)葉紹鈞的歸宿(顧均正)(2)顧一樵的孤鴻(張鶴羣)(3)前題(梁俊青)(4)鳴唐君的信之魔力(龔登朝)　五號：(1)葉紹鈞的兩樣(潘家洵)(2)朱自清的毀滅(陳中舫)(3)孫俍工的海的渴慕者(田堯夫)

吶喊自序　魯迅　晨報附鐫十二年八月二十一日　覺悟十二年八月二十八日

春雨之夜序文　瞿世英　晨報附鐫十二年十月一日

讀「吶喊」　雁冰　學燈十二年十月八日

稻草人序　鄭振鐸　學燈十二年十月十五日

讀「吶喊」　Y生　學燈十二年十月十六日

火災序　顧頡剛　學燈十二年十月二十二日

「火災」的漫論　雲　晨報副刊十三年一月一日

讀「火災」　趙景深　學燈十三年三月三日

蔦蘿集的讀後感　殷公武　晨報副刊十三年三月九日

讀魯迅的吶喊　楊邨人　學燈十三年六月十二日至十四日

內容：（1）狂人的日記（2）孔乙巳（3）藥（4）明天（5）一件小事（6）頭髮的故事（7）風波（8）故鄉（9）阿Q正傳（10）端午節（11）白光（12）兎和貓（13）鴨的喜劇（14）社戲（15）不周山

草兒在前集三版修正序　康洪章　晨報附鐫十三年六月二十日

評「玄武湖之秋」　洪爲法　學燈十三年七月二十五日

浮生六記新序　俞平伯　學燈十三年八月十日

「芝蘭與茉莉」的批評　王國光　學燈十三年十月二十二日至二十三日

讀「蔦蘿集」　萍霞女士　京報副刊十三年十二月二十九日

評楊振聲「玉君」　吳宓　學衡三十九期　十四年三月

「玉君」的小評　王以仁　鑑賞週刊三期　十四年三月　學燈十四年五月二十五日

俄文譯本阿Q正傳序及著者自序傳畧　魯迅　語絲三十一期　十四年六月十五日

讀「玉君」之後　尚鉞　京報副刊十四年三月十七日

讀「玉君」後　培堯　京報副刊十四年三月十八日

讀「玉君」後　圃莊　京報副刊十四年三月十九日

對於「玉君」的我見　TC　晨報副刊十四年三月二十五日

我也來談談關於「玉君」的話　金滿城　晨報副刊十四年三月三十日至三十一日

玉君　伏園　京報副刊十四年四月三日

評玉君　培良　京報副刊十四年四月五日

再評「玉君」並答琴心女士　培良　京報副刊十四年四月十一日

短篇小說三篇序　欽文　京報副刊十四年四月二十六日

評「玄武湖之秋」　許傑　晨報副刊十四年五月二日至七日

萬葉集　謝六逸　文學週報一七六期　十四年六月

評「玉君」　許傑　鑑賞週刊五期，六期　十四年七月

序生命之波　許傑　鑑賞週刊六期　十四年七月

讀「人心」　原侖　學燈十四年七月三十日至三十一日

讀罷「炭畫」後我所要說的話　頁生　世界日報副刊十五年九月十二日

讀「傷逝」的共鳴　李薦儂　世界日報副刊十五年九月二十七日至二十八日
痛讀「彷徨」　葉生機　世界日報副刊十五年九月三十日
讀了「故鄉」　子卿　世界日報副刊十五年十月八日
彷徨　董秋芳　世界日報副刊十五年十月十八日至十九日
讀「炭畫」　蓄芝　世界日報副刊十五年十一月十三日
評「朝霧」　張壽林　晨報副刊十六年十月三日至四日
寄小讀者四版自序　冰心女士　晨報副刊十六年三月二十四日
讀少年飄泊者　杜俊東　世界日報附刊(駝駱)十六年十一月二日至八日
讀「不安定的靈魂」　東戀　世界日報附刊(薔薇)十六年十二月七日至八日
評春明外史　余超農　大公報文學副刊十八年十一月十一日
歧路燈及李綠園先生遺事　徐玉諾　明天半月刊一卷四號
越過了阿Q的時代以後　燕生　長夜半月刊三期
吶喊的評論　成仿吾　創造季刊二卷二號

阿Q正傳的英譯本　甘人　北新半月刊四十七期至四十八期

評冰心女士的「超人」　成仿吾　創造季刊一卷四號

讀春水　燕志儁　文學週報六卷五期

評張資平先生的寫實小說　侍桁　語絲五卷六期

讀最後的幸福　李誦鄴　文學週報六卷五期

「蘭生弟日記」評論　今吾　碧湖一期

野祭　錢杏邨　太陽月刊二月號

再讀「蘭生弟的日記」　評梅　語絲一零四期

英蘭的一生　錢杏邨　太陽月刊一月號

關於烈火　黎錦明　文學週報五卷

寫於『烈火』出版之後　黎錦明　文學周報四卷　語絲一二五期

茅盾三部曲批評號　羅美等　文學周報八卷十號

冰瑩從軍日記序　林語堂　春潮月刊一卷三期

從春潮讀到從軍日記　毛一波　春潮月刊一卷六期

借着春潮給「從軍日記」著者　李白英　春潮月刊一卷七期

論氷瑩和她的『從軍日記』　韋衣萍　春潮月刊一卷七期

讀氷瑩女士的從軍日記　見深　春潮月刊一卷八期

讀「超戰篇」同「先驅」　張定璜　莽原一卷上册

讀出關　周煦良　文學周報五卷

評四本長篇小說　顧仲彝　新月一卷十號　1天問　2殘夜　3愛的幻滅　4轉變

浙東日記小序　全國斌　綿延二十一期

少女日記的原序和小記　衣萍　語絲一二一期

阿麗思中國遊記後序　沈從文　新月創刊號

陶菴夢憶序　周作人　語絲一一零期　註：夢憶是追憶明朝的事

回家自序　欽文　語絲九十八期

「小小十年」小引　魯迅　春潮月刊一卷八號

跋情書一束　衣萍　語絲六十期

情書一束三版序　衣萍　語絲一一三期

日記九種後叙　郁達夫　北新半月刊四十五期至四十六期

又是關於校勘「何典」的話　劉復　語絲八十八期

從何典想到平鬼傳　止水　語絲八十七期

關於何典的方言及其他　劉復　語絲八十五期

爲半農題記「何典」後作　魯迅　語絲八十二期

重印何典序　劉復　語絲七十三期

雨天的書序　周作人　語絲五十五期

「小說世界」與新文學者　疑古　學燈十二年一月十五日

我的浪費　關於徐詩哲對於曼殊斐爾的小說之修改　張友松　春潮月刊一卷二期

3 外國小說

日本近三十年小說之發達　周作人　新青年五卷一號　七年七月

俄國之民衆小說家　謝六逸　小說月報十一卷七號　九年七月

最近法國的小說　翟桓　小說月報十一卷七號　九年七月

維新後之日本小說略述概要　鳴田　東方雜誌十八卷十三號，十四號　十年七月，八月　內容：(1)明治十八年以前　(2)明治十八年到中日戰爭　(3)中日戰爭後到明治三十八年　(4)明治三十九年至大正初年　(5)文壇現狀

一九二一年日本小說界　薇生　東方雜誌十九卷二號　十一年一月　內容：(1)自已迴避的藝術的跳梁　(2)自已探求的藝術　(3)文藝的社會主義的傾向　(4)長篇小說之流行　(5)新進作家的出現

西洋小說發達史　謝六逸　小說月報十三卷一號至七號　十一年一月　內容：(1)緒言　(2)小說發達之經過　(3)羅曼主義時代　(4)自然主義時代

美國最近小說界的概略　蠢兒　學藝雜誌四卷二號　十一年八月　內容：(1)小說界受外來文學的影響　(2)外國色彩的有名小說家　(3)歷史的小說　(4)性慾的小說　(5)短篇小說的傾嚮　(6)最近社會色彩的作品

現代日本小說集　馮文炳　晨報附鐫十二年九月十五日

幾本談大戰的法國小說　李青崖　小說月報十五卷七號　十三年七月

俄國小說之復興　畢樹棠　晨報副刊十四年五月十六日至二十七日

現代法蘭西小說的派別　段易　京報副刊十四年七月十四日

最近的法國小說界　徐霞村　晨報副刊十七年一月十九日至二十一日

西洋名家小說撮要　朱壬秋　世界日報副刊十七年八月二日，二十三日，三十日九月六日

二十世紀之美國小說　畢樹棠譯　新晨報副刊十八年三月一日至五日

歐美小說作家評論　益世報十八年三月十九日

美國現代短篇小說　傅繼㝠　新晨報副刊十八年七月八日

英國小說史　佐治秀壽著·謝聲譯　樂羣半月刊一卷二期至四期　樂羣月刊一卷五期至七期

英國小說中的性表現　V.F. Calverton著　李霽野譯　未名一卷十，十一期合刊

十九前半世紀英國的小說　侍桁譯　奔流一卷八期至十期

現代英美小說的趨勢　趙景深譯　文學週報八卷四號

二十年來的英國小說　趙景深　小說月報二十卷八號

二十年來的美國小說　趙景深　小說月報二十卷八號

最近的俄國小說界　趙景深　文學週報七卷一期

論譯俄國小說　畢樹棠　小說月報二十卷三號
猶太小說集　魯彥譯　一般二卷二號
讀了「心獄」以後　樊仲雲　覺悟十一年十一月十三日
心獄原名復活，是托爾斯泰底傑作
鄭譯灰色馬序　沈雁冰　學燈十二年十一月五日
讀都德的小物件　洪為法　創造週報四十號　十三年一月二十日
讀了「少年維特之煩惱」以後　熊裕芳　學燈十三年十一月二十二日至二十六日
「灰色馬」的運氣　增愷　晨報副刊十三年三月二十一日
「渦堤孩」　西瀅　太平洋四卷六號　十三年四月
評煩惱的網　蔣維嶽　學燈十三年五月十三日
史託謨的「茵夢湖」　胡夢華　學燈十三年六月十七日
按「茵夢湖」已有郭沫若，錢君胥，朱偰……等人譯本
贛第德　徐志摩譯　晨報副刊十四年十一月七日至十八日
佛斯特小說雜論　大公報文學副刊十八年十一月十一日
巴札洛夫與沙寧　伏洛夫司基著　雪峯譯　小說月報十九卷十號

傑克倫敦的小說　廚川白村　劉大杰譯　北新半月刊四卷一，二期合刊

阿弗洛狄德的考察　病夫　眞美善二卷五號

復劉舞心女士書　病夫　眞美善二卷五號
論阿弗洛狄德，肉與死

詹姆士之小說中的人物描寫　William B. Bairns著　景遠譯　瀑布十一期至十四期

讀托爾斯泰的復活　司君　文學周報七卷八號，九號

讀瑪加爾的夢　靜聞　北新半月刊四十七期，四十八期

「癡人之愛」　祝秀俠　文學周報八卷二十四號

苦雨齋小書序　周作人　語絲一二三期
註：苦雨齋小書有二，一是冥土旅行（雜文集）及其他四篇，二，是瑪加爾的夢（愛羅先珂小說）

龔果爾的「女郎愛里沙」原序　李劼人　文學週報四卷

「外套」的序　韋素園　莽原合本一卷下冊

父與女序　汪靜之　文學週報八卷九號

「色」的原序　法，葛爾孟著　虛白譯　眞美善二卷五號

關於國木田獨步——國木田獨步小說集代序　夏丏尊　文學週報五卷

兩條血痕後記　周作人　文學周報五卷

「兩條腿」序　周作人　語絲十七期

序「黑假面人」　李霽野　莽原合本二卷上

「窮人」小引　魯迅　語絲八十三期

為「第四十一」中譯本寫的序及自傳　俄，拉甫列捏夫　曹靖華譯　未名二卷七期

「一週間」　馮憲章　文藝講座第一冊

## 六、神話故事

### 1. 神話

神話的世界　郭沫若　創造週報二十七期　十二年十一月七日

印度神話中的洪水　汪馥泉　覺悟十二年十二月十七日

中國神話研究　沈雁冰　小說月報十六卷一號　十四年一月
內容：(1)天地開闢的神話　(2)日月風雨及其他自然現象的神話　(3)萬物來源的神話　(4)記述神話　(5)幽冥世界的神話　(6)人變物的神話

論寓言　西諦　文學週報一八一期　十四年七月

靄斯其木人之民俗傳說與神話　畢樹棠　晨報副刊十四年九月二十二日二十六至二十七日

關於「桑」的神話與傳說的點點滴滴　張壽林　晨報副刊十七年二月十六日至二十三日

神話和寓言的價值　林逢　世界日報副刊十七年九月十三日

法國人之研究極東神話　大公報文學副刊十八年七月十五日

希臘神話引言　周作人　語絲九十四期

小泉八雲肯斯黎的希臘神話故事　張友松譯　春潮月刊一卷三期

希臘神話與北歐神話　沈玄英　小說月報十九卷八號

希拉羅馬神話的保存　玄珠　文學周報七卷八號九號

鏡花緣與中國神話　沅君　語絲五十四期

舶趣風之神話與考證　含凉生　小說世界十六卷十期

太陽神話研究　趙景深　文學週報五卷

中日神話之比較　查士元　小說世界十六卷十四期

西南民族起源的神話——槃瓠　余永梁　中大語言歷史學研究所週刊三集三十五期三十六期

「西南民族起源的神話——槃瓠」書後　鍾敬文　中大語言歷史學研究所週刊三集三十五期至三十六期

環境與神仙傳說　夏廷棫　民俗一期

神話與民間故事　趙景深譯　小說月報十七卷八號

關於相同神話解釋的學說　楊成志譯　民間文藝三期

神話何以多相似　玄珠　文學週報五卷

人類學派神派神話起源的解釋　玄珠　文學週報六卷十九期

神話的意義與類別　玄珠　文學週報六卷二十二期

中國古代神話之研究　馮承鈞　國聞週報六卷九期至十七期

中國神話的保存　玄珠　文學週報六卷十五期至十六期

## 2. 故事

聖經的故事——文學大綱第三章　鄭振鐸　小說月報十五卷二號　十三年二月

孟姜女故事的轉變　顧頡剛　歌謠週刊六十九號　十三年十一月二十三日

關於孟姜女故事的通訊　顧頡剛等　歌謠週刊七十九號　十四年二月二十二日

民間故事的探討　英，麥苟勞克著　趙景深譯　文學週報四卷

故事之轉變　黃仲琴　容肇祖　民俗三十九期

挪威民間故事研究　三公主　趙景深　貢獻旬刊二卷八期

「波斯故事」略窺　鍾敬文　民俗二十一期，二十二期

古代的人序（「古代的人」范龍著林微音譯）　郁達夫　文學週報五卷

竹林的故事序　周作人　語絲四十八期

昆蟲故事英譯本序　S. H.　北新半月刊四十三期，四十四期

泉州民間傳說序　顧頡剛　民俗六十七期

閩南故事集　鍾敬文　民俗二期

廣州民間故事序　容肇祖　民俗六十四期

龍王的女兒序　趙景深　文學週報八卷二十三號　民俗七十四期

姜姓的民族和姜太公的故事　楊筠如　中大語言歷史學研究所週刊七集八十一期

關於王昭君傳說的答案　魏應麒　民俗四十四期

德慶龍母傳說的演變　容肇祖　民俗九期，十期

呆女壻故事探討　鍾敬文　民俗七期

陸安傳說與寧波傳說之比較　桑洛卿　北京大學研究所國學門週刊十九期

陸安傳說寧波傳說與常州傳說之比較　劉充葆　北京大學研究所國學門月刊一卷三號

許眞君故事的起原和概略　大任　北京大學研究所國學門月刊一卷五號

孔子周遊列國傳說的演變　方書林　中大語言歷史研究所周刊六集七十期

山歌原始傳說及其他　愚民　民俗十三期，十四期

山歌原始之傳說　臺靜農　語絲十期

歌謠的原始的傳說　尙鉞　北京大學研究所國學門週刊七期

關於孟姜女和花木蘭的我見　寶山　婦女雜誌十一卷十二號

孟姜女在元曲選中的傳說　鄭賓于　北京大學研究所國學門週刊二期

孟姜女故事研究集自序　顧頡剛　民俗一期

## 七、兒童文學

### I. 通論

兒童文學的管見　郭沫若　民鐸雜誌二卷四號　九年十一月

兒童的文學　周作人　新青年八卷四號　九年十二月

法國的兒童小說　愈之　東方雜誌十八卷十二號　十年六月

內容：（1）法國女流批評家的評論　（2）兒童小說的普遍性質　（3）現代兒童小說的代表　（4）布格遜直觀哲學的影響

俄國底童話文學　丏尊譯　小說月報十二卷號外　十年九月

童話的討論　趙景深　周作人　晨報附鐫十一年一月二十五日；二月十二日；三月二十八日；四月九日

兒童的文學之研究　周邦道　中華教育界十一卷六期　十一年六月

內容：（1）兒童文學之意義及對於小學國文之位置　（2）兒童文學之需要　（3）兒童文學材料之來源　（4）兒童文學取材之標準　（5）編輯兒童文學之種類　（6）兒童發育的程序與文學材料之分配　（7）關於兒童文學之幾個問題

兒童圖書館與兒童文學　劉衡如　中華教育界十一卷六期　十一年六月

童話小說在兒童用書中之位置　饒上達　中華教育界十一卷六期　十一年六月

內容：（1）童話小說與兒童價值　（2）童話小說與刺激三要素　（3）童話小說與兒童好奇　（4）童話小說與兒想像　（5）童話小說與兒童興趣和注意　（6）童話小說與兒童思維　（7）童話小說做兒童用書的幾個消極條件

中國的兒歌序　何德蘭　歌謠週刊二十一號　十二年四月

童謠底藝術的價值　嘉白　覺悟十二年七月三十日　歌謠六十一號

兒歌的研究　馮國華　覺悟十二年十一月二十三至二十九日

兒歌之研究　周作人　歌謠週刊三十三號，三十四號　十二年十一月二十五日

我與童謠的過去和將來　江鼎伊　歌謠週刊九十五號　十四年六月十四日

中國的童話　法郎士　新晨報附刊十七年八月九日至十日

兒童戲劇之需要　熊佛西　世界日報週刊之六，十八年六月廿二日　戲劇週刊十三期

兒童文學概論　魏壽鏞　周侯予　商務印書館

童話與短篇小說　顧均正　文學週報六卷十八期

童話與想像　均正　文學周報四卷

藝術童話的研究　夏文運　中華教育界十七卷一期

童話之研究　徐如泰　中華教育界十六卷五期

童話的起源　均正　文學周報四卷

托爾斯泰童話論 顧均正 文學周報七卷八號，九號

中西童話的比較 趙景深 文學周報五卷

兒童文學的心理分析 徐益棠 中華教育界十六卷七期

童話評論 趙景深 新文化書社出版

小川未明童話文學論 曉天 開明二卷一號

## 2. 專論

讀童謠大觀 周作人 歌謠週刊十號 十二年三月十八日 晨報附鐫十二年三月二十二日

呂坤的演小兒語 周作人 歌謠週刊十二號 十二年四月一日

讀各省童謠集第一册 青柳 歌謠週刊二十號 十二年五月二十七日

讀各省童謠集 周作人 歌謠週刊二十號 十二年五月二十七日

讀伊索寓言 胡懷琛 覺悟十二年十月十日

安徒生的童話 莫震旦 京報附設之第六種週刊十四年八月二十九日

評廣州兒歌甲集 招勉之 文學周報七卷二期

池田大伍的「支那童話集」　鍾敬文　民俗十三至十四期

馬旦氏的中國童話集　趙景深　文學週報五卷

亞當氏的中國童話集　趙景深　文學週報八卷五號

白朗的中國童話集　趙景深　文學週報八卷七號

「風先生和雨太太」序　均正　文學週報四卷

## 九、其他

評近今說理文之失　景昌極　文哲學報第一期　十一年三月

所謂「國歌問題」　金桂蓀　學燈十二年十月二十五日

謎語歇後語研究之一斑　傅振倫　歌謠週刊六十八號　十三年十一月十九日

論傳記文學　摩拉　大公報文學副刊十七年六月二十五日

議論文之研究　李季和　孤興二期至四，五期合刊

論現代中國的小品文　朱自清　文學周報七卷二十期

# 文學論文索引

## 下編　文學家評傳

### 一、中國文學家評傳

中國最早的文學家屈原　朱維之　青年進步八十五期
內容：（1）導言（2）屈原文學思想的淵源（3）屈原在文學上的地位（4）屈原的品格（5）屈原的哲學思想（6）屈原的宗教觀念

屈原生年考證　陸侃如　學燈十二年三月十一日至二十一日　文學十八期

屈原生卒年歲考證　鴻杰　學燈十二年三月二十二至二十四日

屈子生卒年月及流地考　范希曾　國學叢刊一卷一期　十二年三月

屈原生卒誌疑　鴻杰　學燈十二年三月一日　文學六十六期

屈原考證　錢穆　學燈十二年一月八日至十日

屈原研究　梁任公　文哲學報三期　十年三月　學燈十一年十一月份　晨報副刊十一年十一月十九日至二十三日

史記屈原傳考證　ＬＭ　益世報國學週刊十八年八月十九日

質考證屈原者　范希曾　學燈十二年三月份

屈原在美學上的價值　華林　覺悟十二年一月二十三日

宋玉評傳　陸侃如　小說月報十七卷號外

司馬相如評傳　游國恩　覺悟十二年十一月十五日至十二月六日

蘇李與文學　子美　京報副刊十四年五月十七至二十五日
內容：(1)傳說的蘇李文學　(2)蘇李文學的著錄　(3)蘇李為何如人　(4)懷疑蘇李文學者　(5)蘇李文學偽證　(6)蘇李文學之發生與時代　(7)偽蘇李文學之說明　(8)討論

蘇李詩考證　陳仲子　學燈十三年四月三十日至五月一日

蔡文姬悲憤詩的研究　劉桂章　學燈十三年五月十七日
內容：(1)導言　(2)蔡文姬的生平　(3)關於悲憤詩藝術的研究　(4)結論

曹子建評傳　吳溥　學燈十三年八月二日至八日

曹子建的文學研究　錢振東　新晨報副刊十八年七月十七日

大文學家嵇叔夜年譜　劉汝霖　益世報國學週刊十八年十二月七日至十五日

阮嗣宗評傳　錢振東　新晨報副刊十八年十二月廿五日至三十日

阮籍的思想及其作品　徐紹烈　學燈十二年十月十九日

阮籍研究　植亭　厦大集美國專學生會季刊一期

述阮籍嵇康的思想　容肇祖　語言歷史學研究所週刊三集二十九期

陶淵明評傳　汝舟　北京益世報十五年十一月十一日至十二月二日

陶公生年考　陸侃如　國學月刊一集

陶潛年紀辯疑　游國恩　國學月刊一集

陶淵明之文學　何聯璧　國學月報一集

陶淵明的人生觀　楊鴻烈　國學月報一集

中國田園詩人陶潛　徐家瑞　國學月報一集

陶淵明與儲光羲　儲皖峯　國學月報一集

闡陶　孫德謙　孔教會雜誌一卷三號

酒鬼陶淵明　哲夫　世界日報副刊十六年七月十八日

陶淵明的人生觀　躁君　北京益世報十五年一月一日至八日

一個農民文學家——陶淵明　倬之　晨報副鐫十三年十二月十一日至十四日

一千五百年前的大詩人陶潛　游國恩　國學月報一集

從陶集中所見的陶淵明生活　張民逸　學燈十三年六月十八日

中國之托爾斯泰（陶淵明）　甘蟄仙　晨報附鐫十一年八月一日至十一日，八月十八日

跋古層冰陶靖節年譜　陸侃如　國學論叢一卷一號

謝康樂年譜　丁陶庵　京報附設之第六種週刊十四年十月十七日

謝靈運文學　葉瑛　學衡三十三期　十三年九月

內容：（1）謝靈運之思想　（2）謝靈運之文藝　（3）謝詩之淵源　（4）謝靈運在文學上之位置　（5）結論　附謝靈運年譜

謝朓年譜　伍叔儻　小說月報十七卷號外

劉勰評傳　劉節　國學月報二卷三號

蕭統評傳　謝康　小說月報十七卷號外

文學批評家劉彥和評傳　梁繩禕　小說月報十七卷號外

劉勰研究　吳熙　學燈十三年五月九日十日

內容：（1）引言　（2）劉勰略傳　（3）劉勰的文學批評論　（4）劉氏的

(5)結論

江文通的文藝　甘蟄仙　晨報副鐫十一年十二月二十一日至三十一日

鮑照之思想及其文藝　劉大杰　晨報副鐫十四年三月二十六日至二十九日

內容：(1)鮑照的歷史 (2)鮑照的思想 (3)鮑照的文藝

鮑明遠的純文藝　甘蟄仙　戲劇與文藝一卷七期

詩人吳均　朱東潤　新月二卷九期

王勃評傳　陸侃如　晨報附鐫十二年七月十六至二十日

內容：(1)王勃時代 (2)王勃傳 (3)王勃詩上——描寫詩 (4)王勃詩中——抒情詩 (5)王勃的詩下——詩的音節

劉子玄年譜　劉漢　努力學報一期

劉知幾文學的我見　王家吉　晨光二卷一號

情聖杜甫　梁啓超　晨報副鐫十一年五月二十八日至二十九日

杜甫　聞一多　新月一卷六號

情聖李白　隘淵　學燈十二年十二月二十日

李白的籍貫與生地　李宜琛　晨報副刊十五年五月十日

李白及其詩　汪靜之　晨報副鐫十四年六月一日至十八日　八月十六日

詩界革命家李白作品的批評　非百　長光一卷五號　十二年五月

頹廢之文人李白　徐嘉瑞　小說月報十七卷號外

李白與杜甫　定翔　北京益世報十七年七月十九日至二十二日

李義山生卒年考　劉大杰　晨報附鐫十四年九月三日
註：中有〔李義山研究〕一章

李義山家世考畧　劉大杰　晨報副刊十四年九月十九日至二十日

詩人李長吉　萬曼　文學周報五卷

驢背詩人李長吉　王禮錫　文學周報七卷二十三期

白樂天的社會思想　張元亨　世界日報附刊（駱駝）十七年五月八日至十一日

元稹白居易的文學主張　胡適之　新月一卷二號

白香山的文藝　甘蟄仙　晨報附鐫十二年二月十二日至十五日
內容：（1）白香山在文藝上的位置　（2）對於白氏文藝見解的批評　（3）對於白氏文藝作品的考證　（4）對於白氏文藝作品的賞會

白香山詩與失意青年　小慧　學燈十二年十月十二日

詩人李長吉之詩　周閬風　學燈十三年七月二十九日
內容：（1）篇首話　（2）長吉的詩境　（3）從長吉集詩中所窺得之李長吉　（4）長吉詩中所表現的思想　（5）長吉之寫景詩與絕句　（6）結尾

李長吉與月　熊豁芳　學燈十三年三月三十日至四月二日

王維評傳　彭逸農　學燈十四年四月十五至十八日

王維　朱湘　小說月報十七卷號外

王昌齡的詩　施章　小說月報十七卷號外

岑參　徐嘉瑞　小說月報十七卷號外

女詩人魚玄微　聞國新　世界日報副刊十五年九月十六日

賀雙卿　張壽林　晨報副刊十五年一月二十一日至二十三日

李煜的生平及其作品　新　北京益世報十五年九月三日至二十一日

李後主及其詩　姜華　學燈十三年五月二十八日至三十日

韋莊評傳　何壽慈　中國文學季刊創刊號

白話詩人王梵志　胡適　現代評論六卷一五六期

二百四五十年前平民文學家——秦少游柳三變　賈鳧西　學燈十二年十一月二十六日

辛棄疾的生平　王伯祥　星海十三年八月

詞人辛棄疾　胡雲翼　晨報附鐫十四年八月二十四至三十日　藝林旬刊十三，十四，兩期

昌谷別傳並注　田北湖　國粹學報四卷六號

李覯的社會文學　大癡　世界日報副刊十五年十月十七日

愛國尙武的詩人陸放翁　雪林　新月二卷二期

詩豪蘇東坡　品今　學燈十四年七月十四日　內容：(1)東坡與陶淵明　(2)東坡與李白

李清照評傳　胡雲翼　晨報副鐫十四年八月　藝林旬刊十三期

批把門卷——介紹女詩人薛濤　姜華　學燈十三年十月二十三至三十一日

山野詩人眞山民　蕾芝　益世報十五年一月八日至十二日

元代文人「歐陽元」　鏡麟　莽蒼社刊一卷四號

施耐庵何爲作水滸　恨水　北京益世報十五年十二月二日

西遊記作者的思想　徐旭生　太平洋四卷九號　十三年十二月

雅一棒雪中之戚繼先　大公報十八年十一月八日

文學批評家李笠翁　胡夢華　小說月報十七卷號外

批評家李笠翁　朱湘　語絲十九期十四年三月二十三日

笠翁與秉好法師　周作人　語絲五期

納蘭成德傳　素癡　大公報文學副刊十八年七月一日至七月二十二日

注：納蘭成德以避嫌諱改名性德字容若號楞伽山人滿洲正黃旗人

納蘭容若　滕固　小說月報十七卷號外

納蘭性德　蕙寧　晨報十六年十月八日至十七日

詞人成容若　北京益世報十七年十月二十一日至十一月九日

袁枚評傳　楊鴻烈　晨報附鐫十四年二月二十三至二十六日

詩人袁枚底自狀　朱棨之　新晨報副刊十八年七月二十九日

漁洋山人著書考　倫明　燕京學報五期

蔣士銓　朱湘　小說月報十七卷號外

章實齋的文學概論　甘蟄仙　晨報附鐫十一年十二月六日至十三日

清代詩人黃仲則評傳　章衣萍　學林雜誌一卷二號　十四年六月　全篇分上下兩篇此係上篇

民衆詩人鄭板橋　君實　晨報十七年五月一日至十日

鄭板橋的文學　姜華　中大季刊一卷二號

鄭板橋軼事　策六　北京益世報十五年八月十一日

文字革命先鋒龔定庵　朱聚之　新晨報副刊十八年八月十日至十三日

關於清代詞人顧太清　儲皖峯　國學月報二卷十二號

鄭子尹評傳　張壽林　世界日報附刊(苦果)十六年五月四日至十一日

曹雪芹與惡劣文學　嚴敦易　學燈十二年九月三日

記孔雲亭之學　鍾鍾山　中大語言歷史學研究所週刊七集八十期

花月痕與其作者魏子安　水　世界日報副刊十七年八月二日

兒女英雄傳作者文康的家世　李玄伯　猛進二十二期　十四年七月

老殘游記之作者　頡剛　小說月報十五卷三號　十三年三月

李伯元傳　吳沃堯　小說世界十三卷十九期

官場現形記之作者——李伯元　頡剛　小說月報十五卷六號

我佛山人傳　吳沃堯　李葭榮　小說世界十三卷二十期

水滸後傳的著者陳忱　顧頡剛　讀書雜誌十七期

花月痕作者之思想　劉歐波　小說世界十二卷十三期

關於粵謳及其作者——招子庸　招勉之　北新半月刊二卷九號

黃公度先生及其著作　恩光　北京益世報十七年九月一日

環天詩人逝世(即曾廣鈞)　大公報文學副刊十八年十二月三十日　按曾廣鈞字仲伯號伋菴湖南人

文叔問與其作品　聞國新　晨報副刊十六年九月六日至八日

冷紅生傳　林紓　小說世界十三卷十九期

蘇玄瑛傳　章炳麟　小說世界十三卷十九期

蘇曼殊傳　暘鴻烈　晨報附鐫十二年十一月二十三至二十六日　內容：(1)導言，(2)蘇曼殊生平和他的著作，(3)蘇曼殊的詩，(4)蘇曼殊的言情小說，(5)蘇曼殊的翻譯文學，(6)蘇曼殊的美術，(7)蘇曼殊的雜文，(8)結論。

蘇玄瑛傳　柳棄疾　小說世界十三卷十九期

蘇曼殊的年譜　柳無忌　清華週刊二十七卷十二號十三號

蘇曼殊年譜後記　亞子　北新半月刊三卷一號

關於曼殊大師的卒年　學昭　語絲一二四期

關於曼殊大師的幾句話　何世玲　語絲一四〇期

關於曼殊大師　趙景深　語絲一〇五期

蘇曼殊及其友人　柳無忌　語絲一三一期一三二期一三五期

曼殊作品及其品格之評價　林曉　益世報十八年八月二十日

曼殊大師塔銘的一點考證　柳無忌　語絲一二六期

曼殊研究草稿　盧冀野　世界日報副刊十六年五月三日

曼殊研究草稿　羅建業　世界日報副刊十六年五月五日至十日

談曼殊弄玄虛　沈燕謀　世界日報副刊十六年五月三日

悼辜鴻銘先生　大公報文學副刊十七年五月七日

林琴南先生　鄭振鐸　小說月報十五卷十一號　十三年十二月

林琴南先生的白話詩　胡適　晨報六週增刊十三年十二月一日

閩侯林紓的著述　顧頡剛　陳槃　圖書館報（中山大學圖書館印）七卷一期

林琴南與羅振玉　周作人　語絲三期

再談林琴南　周作人　語絲二十期

文學革命家的先驅者——王靜安先生　吳文祺　小說月報十七卷號外

王國維與中國戲曲　賀昌羣　文學周報五卷

王靜安先生之文學批評　毅永　大公報文學副刊十七年六月十一日

梁任公先生　鄭振鐸　小說月報二十卷二號

悼江山劉毓盤先生　大公報文學副刊十七年十月二十九日

魯迅論　方璧　小說月報十八卷十一號

魯迅與柴霍甫　趙景深　文學週報八卷十九號

魯迅先生與革命文學　處默　河北民國日報副刊十八年六月五日

羅曼羅蘭評魯迅　柏生　京報副刊十五年三月二日

魯迅之小說　正厂　學燈十三年三月十八日

魯迅　錢杏邨　現代中國文學作家第一卷

郭沫若　錢杏邨　現代中國文學作家第一卷

郁達夫　錢杏邨　現代中國文學作家第一卷

五六年來創作的回顧（自序）　郁達夫　文學週報五卷

郁達夫與迷羊　大杰　長夜半月刊二期

蔣光慈　錢杏邨　現代中國文學家第一卷

自序——即現代中國文學作家第一卷的序文　錢杏邨　現代中國文學作家第一卷〔現代中國文學作家〕是上海泰東書局出版

階升法與徐志摩　鄭德坤　燕大月刊五卷十二期

周作人先生　晉豪　開明一卷一號

王魯彥論　方璧　小說月報十九卷一號

中國文學者生卒考序　西諦　學燈十二年十二月十七日

中國文學者生卒考　鄭振鐸　小說月報十五卷一號至十二號　十三年一月至十二月　鄭略傳

中國古代的白話詩人　胡懷琛　學燈十三年十月四日　內容：(1)緒言，(2)邵康節詩偏于說理，(3)寒山詩是佛偈，(4)陶淵明的白話詩，(5)白香山的白話詩，(6)陸放翁的白話詩，(7)范石湖的白話詩，(8)楊誠齋的白話詩，(9)詩本近于白話，(10)結論。

中國六大文豪屈揚司杜李韓　謝无量　大中華二卷三期至十期　未完　有書

韓柳歐蘇文之淵源　胡懷琛　國學一卷二期

北宋四大詞人評傳　胡雲翼　晨報七週增刊

南宋詞人小記二則　沅君　國學月刊一卷三號　北京大學研究所國學門月刊一卷三號至四號　內容：(1)玉田先生年譜擬稿(2)玉田家世與其詞學附張鎡傳略

論秦柳之異點　趙祥瑗　文哲學報第三期

中國近代兩小說家傳　塵夢　小說世界九卷四期

中國現代兩詩人對于窮　顏如　文學週報五卷

女詩豪薄少君　胡寄塵　小說世界十四卷二十三期

清代女詩人一瞥　盧冀野　東南論衡一卷十二期

## 二、日本文學家評傳

森鷗外博士　仲密　晨報附鐫十一年七月二十六日

有島武郎年譜　金溟若　奔流一卷十期

談有島武郎　岷江　國聞週報六卷三十期

有島武郎　周作人　晨報附鐫十二年七月十七日　覺悟十二年七月二十日

有島武郎　張定璜　晨報附鐫十二年七月二十六日

武者小路篤實的小品　湯鶴逸　京報副刊十五年一月十一日，十八日，十九日

悼芥川龍之介先生　靈修　世界日報週刊之五，十六年七月二十九日

悼芥川龍之介　湯鶴逸　世界日報附刊之（苦果），十六年八月十七日

芥川龍之介自殺時致某舊友的手記　鶴逸　世界日報附刊（苦果）十六年八月十七日

芥川龍之介與日本文學　靈修　世界日報附刊薔薇週刊十六年十二月四日，二十七日

紀日文豪芥川龍之介自殺事　遜之　國聞週報四卷三十期

芥川龍之介的死　祖正　語絲一四四期

芥川龍之介　鄭心南　小說月報十八卷九號

芥川龍之介年表　小說月報十八卷九號

小泉八雲晚年的一段生活　趙蔭棠　明天半月刊一卷十一號

小泉八雲的文學講義　滕固　小說月報十七卷九號

日本近代兩大女作家　崔萬秋　眞美善四卷一號

## 三、印度文學家評傳

太戈爾之「詩與哲學」觀　張聞天　小說月報十三卷二號十一年二月

太戈爾傳　鄭振鐸　小說月報十三卷二號　十一年二月

詩人泰戈兒　菊農　晨報附鐫十二年七月一日（文學旬刊）

太谷兒的思想及其詩　瞿菊農講　晨報附鐫十二年九月一日　覺悟十二年九月四日　東方雜誌二十卷十八號　十二年九月

太戈爾傳　鄭振鐸　小說月報十四卷九號，十號　十二年九月

太戈爾之生涯與思想　直民　學生雜誌十卷九號　十二年九月

夏芝的太戈爾觀　高滋譯　小說月報十四卷九號　十二年九月

太戈爾與托爾斯泰　仲雲譯　小說月報十四卷九號　十二年九月

泰果爾批評　聞一多　學燈十二年十二月三日

泰戈爾的著作及其思想要點　瞿世英講　學燈十三年四月十一日

泰戈爾思想之背影　簡又文　晨報附鐫十三年四月二十至二十三日

太戈爾的我觀　誦虞　學燈十三年四月二十一日

個人對於太戈爾之感想　陸懋德　晨報副刊十三年六月三日

太戈爾傳　黃玄　少年中國一卷九期　九年三月

太戈爾的藝術觀　鄭振鐸　小說月報十三卷二號

太戈爾的思想與其詩歌的表象　王統照　小說月報十四卷九號
內容：(1)何爲印度思想，(2)古文明國思想的結晶，(3)哲學家乎詩人乎，(4)太戈兒的思想與其詩歌的鏈鎖，(5)空虛世界裏一個黎明的高歌者，(6)愛之光的普照。

印度女詩人陀露多　陳翔冰譯　秋野二卷一期

現代詩人(奈陀夫人 Sarojini Naidu)　費鑑照　新月月刊二卷六，七合刊　奈陀夫人是印度女詩人。

印度女詩人娜伊杜 古莊國雄作 薇生譯 新女性二卷上册

印度女詩人 英麥克涅孤爾著 謝落譯 眞善美三卷五號

## 四、俄國文學家評傳

陀思妥夫斯奇之小說 周作人 新青年四卷一號 七年正月

陀思妥夫斯基之文學與俄國革命心理 羅羅 東方雜誌十五卷十二號 七年十二月

托爾斯泰與今日之俄羅斯 雁冰 學生雜誌六卷四號至六號 八年六月

安得列夫死耗 雁冰 小說月報十一卷一號 九年一月

托爾斯泰 沈雁冰 改造三卷四號 九年十二月

俄國詩豪樸思徑傳 西曼 少年中國一卷九期 九年三月

恩特列夫文學思想概論 明心 學生雜誌七卷五號至六號 九年五月

克魯泡特金與俄國文學家 化魯 東方雜誌十八卷四號 十年二月

戲曲家之托爾斯泰 鄧演存 東方雜誌十八卷九號 十年五月

俄羅斯文學裏托爾斯泰底地位 靈光譯 日本昇曙夢著 小說月報十二卷號外 十年九月

托爾斯泰的藝術觀　張聞天　小說月報十二卷號外　十年九月

玆臘託夫拉斯基略傳　靜觀　小說月報十二卷九號　十年九月

阿里鮑甫略傳　濟之　小說月報十二卷號外　十年九月
附：介紹阿氏著作二十一種

俄國鄉村文學家伯得洛柏夫洛斯基　濟之　小說月報十二卷號外　十年九月

阿爾志跋綏夫　魯迅　小說月報十二卷號外　十年九月

菲陀爾．梭羅古勃　周建人譯　小說月報十二卷號外　十年九月

近代俄國文學家三十人合傳　沈雁冰　小說月報十二卷號外（俄國文學研究）十年九月
內容：萊芒托夫，格利鮑衣杜夫，闊爾脫曹夫，西芙脫欽科，海爾岑，耐克拉莎夫，龔察洛夫，加爾洵，那特森，薛特林，列斯考夫，烏斯潘斯基，鮑蒲列金，安得列夫，古十林，蒲英，塞爾齊夏夫茲邢斯基，盟科夫，柴爾淑夫，茅夷士赫爾，猶希克維基，格耆夫，哇倫勃格斯基，勒底善夫，羅不金，彌里士考夫斯基，柔娜達，黑比絲，巴爾芒，布利烏沙夫。

俄國四大文學家合傳　濟之　小說月報十二卷號外（俄國文學研究），十年九月
內容：（1）郭克里（2）托爾斯泰（3）屠格涅夫（4）道司托也夫司基

托爾斯泰與鮑爾希維主義　松山　東方雜誌十八卷二十號　十年十月

陀斯妥以夫斯基的思想　沈雁冰　小說月報十三卷一號，十一年一月

陀斯妥以夫斯基在俄國文學史上的地位　郎損　小說月報十三卷一號，十一年一月

陀斯妥夫斯基傳畧　小航　小說月報十三卷一號，十一年一月

俄國新詩人白洛克　梓生　東方雜誌十九卷四號，十一年二月

俄國音樂家史克里亞賓　化魯　按史氏亦詩曲作家　東方雜誌十九卷四號，十一年二月

烏克蘭農民文學家柯洛漣科　靉靉　東方雜誌十九卷六號　十一年三月

屠格涅夫傳略　謝六逸　小說月報十三卷三號，十一年三月

安特列夫與其戲劇　甘蟄仙　晨報附鐫十一年十二月二十七至二十九日

安特列夫與其戲劇　愛羅先珂講　耿勉之譯　李小峯宗甄甫記　覺悟十二年一月七日至二十九日　晨報附鐫十二年一月十三日至二十七日

俄國小說家郭歌里論　李開先譯　俄克魯巴金著　晨報附鐫十二年二月一日至七日

普希金評傳　K. H.　學燈十二年二月二十一日至三月一日

婁蒙妥夫評傳　K. H.　學燈十二年三月十一日

俄國文學之先驅　穀純　民鐸雜誌四卷二號，十二年四月

科路倫科評傳 張聞天 少年中國四卷四期，十二年六月

俄國文豪高爾該論 畢樹棠 長報附鐫十二年八月十八日至三十一日

阿史德洛夫斯基評傳 耿濟之 小說月報十四卷十一號，十二年十一月

蘇俄的三個小說家 沈雁冰 小說月報十四卷十二號，十二年十二月

短篇小說家契呵夫 楊袁昌英 太平洋四卷九號，十三年十二月

托爾斯泰「活屍」漫談 顧仲起 學燈十三年十二月四日，五日

回憶安特列夫 素園譯 長報附鐫十三年十二月十七至十九日

安特列夫與其象徵劇 任冬譯述 長報附鐫十三年十二月二十九至三十一日

一點點子契訶夫 志摩 長報附鐫十五年四月二十一日

高爾基記契訶甫 志摩譯 長報副刊十五年四月二十四日

續高爾基記契訶夫 志摩 長報副刊十五年五月八日

莫爾斯基論杜洛湼夫 集菊隱 長報副刊十六年十一月二十二日，二十五日

柴霍甫底寫實小說 汪倜然 北京益世報十七年七月十四日

托爾斯泰誕生百年紀念 大公報文學副刊十七年八月二十七日，九月十日 國聞週報五卷三十八期

屠介涅夫 凡桐譯 新晨報副刊十八年二月十六日，二月二十三日

俄國短篇小說作家及其作品 傅繼良 新晨報副刊十八年七月二十四日，七月二十五日

Leonid andreey(安特列夫) 晉鈍 新晨報副刊十八年八月一日至三日

安特列夫和他的象徵劇 佩青 新晨報副刊十八年十一月二十七日，十一月三十日(以下尚有)

高爾基評傳 趙景深 北新半月刊三卷一號

高爾基著作年表 傅董 文學週報七卷二十二期

「曾經爲人的動物」 錢杏邨 小說月報十九卷六號 ——爲高爾基創作三十五週年紀念作——

哥爾基的出頭 Rose Lee著 古有成譯 北新半月刊四卷三期

最近之高爾基 昇曙夢著 李可譯 小說月報十九卷八號

最近之高爾基 昇曙夢著 當代雜誌第三編

高爾基論 倭羅夫斯基 嘉生譯 創造月刊二卷一期，二期

高爾基和我們一道的麼? 塞拉菲莫維奇著 李初梨譯 創造月刊二卷一期

高爾基及其他　風光　語絲五十期

高爾該(Gorkiy)的自叙的三部作　有熊　沈鐘第四期

契訶夫隨筆抄　衣萍　北新半月刊四十七—四十八期

契訶夫與新文藝（俄Lvov Rogachevski作）　魯迅重譯　奔流二卷五期

契訶夫小說的新認識　米爾斯基著　趙景深譯　北新半月刊二卷二十號

柴霍甫二十五年祭　廖耶　現代小說三卷一期

柴霍甫作品的來源　趙景深譯　文學週報八卷十三號

托爾斯泰之生平及其著作　凌霜　新青年三卷四號　六年六月

托爾斯泰之死與少年歐羅巴　魯迅　春潮月刊一卷三期

托爾斯泰底死與少年歐羅巴　韋素園譯　盧那卡爾斯基作　未名半月刊二卷二期

小泉八雲論托爾斯泰　侍桁譯　奔流一卷七期

脫洛斯基的託爾斯泰論　巴金譯　東方雜誌二十五卷十九號

高爾綏華斯論託爾斯泰　哲生譯　東方雜誌二十五卷十九號

託爾斯泰和馬克思 魯迅譯 奔流一卷七期，八期

託爾斯泰與東方 愈之譯 東方雜誌二十五卷十九期

託爾斯泰論 勞伯慈著 趙景深譯 小說月報十九卷十二號

託爾斯泰論 伊理支著 嘉生譯 創造月刊二卷三期

托爾斯泰論 尼古拉涅鹽著 故劍譯 文學週報七卷八一九期

託爾斯泰的藝術 彭補拙譯 東方雜誌二十五卷十九號

藝術家托爾斯泰 馮乃超 文藝講座第一册

託爾斯泰 魯迅譯 奔流一卷七期

託爾斯泰的兩封信 味荔譯 東方雜誌二十五卷十九號

托爾斯泰未刊行的作品 耿濟之 文學週報八卷四號

托爾斯泰之晚年 亞歷山大戈思著 沈鍊之譯 民鐸雜誌十卷一號

託爾斯泰誕生百週紀念 陳叔諒 東方雜誌二十五卷十九號

懷托爾斯泰 俄蒲寧著 徐霞村譯 文學週報七卷八至九期

訪革命後的託爾斯泰故鄉記　許霞譯　奔流一卷七期

託爾斯泰回憶雜記　達夫譯　奔流一卷七期

託爾斯泰的事情　周作人　語絲十四期

託爾斯泰自己的事情　趙景深譯　奔流一卷七期

屠格涅夫死後俄國文學的凝滯期　Mourice Baving著　崔驥譯　瀑布十八期

最近的戈理基　昇曙夢著　畫室譯　貢献旬刊三卷二期

瑪克辛·戈理基　俄P.S.kogan著　洛揚譯　奔流二卷五號

苻拉迪彌爾·理定自傳幷著作目錄　魯迅譯　奔流二卷五號

關於綏蒙諾夫及其代表作「飢餓」　日本黑田辰男著　魯迅譯　北新半月刊二卷二十三號 (Sergei Alexavdrovitch se mionov)

布洛克及其名作——十二個　儲安平　北新半月刊二卷十三號

革命與羅曼諦克——布洛克　蔣光赤　關於革命文學一一一——一一二

赤俄新文藝時代的第一燕　瞿秋白　關於革命文學八七至八九頁
內容：是敘述赤俄的兩個無產階級的文學家——菲獨，嘉里寧和柏塞勒夸——身世和作品。

烏西和洛得·伊凡諾夫　杜洛茨基作　李霽野韋漱園譯　莽原合本二卷下册

賽甫琳娜傳略　曹靖華譯　未名一卷一期　本文附於〔鄉下老的故事〕之後

無產階級詩人和農民詩人　畫室譯　莽原合本一卷（下册）

『蒲列漢諾夫論』　馮憲章　文藝講座第一册

巴什庚之死　俄阿爾志跋綏夫作　魯迅譯　莽原一卷（下册）

「烈夫」及其詩人　李霽野　未名一卷一期　〔烈夫〕是俄國未來派的機關雜誌

## 五、英國文學家評傳

蕭伯訥　雁冰　學生雜誌六卷二號，八年二月。

英國詩人勃來克的思想　周作人　少年中國一卷八期，九年二月

托爾斯泰的莎士比亞論　愈之　東方雜誌十七卷二號，九年二月

一個漫遊新大陸的英國著作家——哈斯透登　化魯　東方雜誌十八卷七號　十年四月

英國詩人克次的百年紀念　愈之　東方雜誌十八卷八號　十年四月

英國大小說家喬治曼利狄斯　江一　學生雜誌八卷九號　十年九月

一個兒童文學家（瑪利亞）　曹芻　中華教育界十一卷六期，十一年六月

童話家的王爾德　趙景深　晨報附鐫十一年七月十五日至十六日

詩人席勒的百年忌　仲密　晨報附鐫十一年七月十八日

安諾德的詩歌研究　顧捋香　東方雜誌十九卷二十三號，十一年十二月
內容：（1）安諾德的詩詞著作時期，（2）安諾德的詩歌和他的生世，（3）安諾德的詩詞中之思想和感情，（4）安諾德的叙事詩，（5）結論

安諾德文學批評原理　華林一　東方雜誌十九卷二十三號，十一年十二月

安諾德之政治思想與社會思想　呂天鶴　東方雜誌十九卷二十三號　十一年十二月

安諾德和他的時代之關係　胡夢華　東方雜誌十九卷二十三號　十一年十二月

安諾德評傳　胡夢華　東方雜誌十九卷二十三號　十一年十二月

雪萊（Shelley）　張定璜　創造季刊一卷四期（雪萊紀念號），十二年二月

英國浪漫派三詩人　徐祖正　創造季刊一卷四期　十二年二月
內容：（一）拜倫（二）席勒（三）貢炎

雪萊的詩　郭沫若　創造季刊一卷四期　十二年二月

英國湖畔詩人華茨渥斯生活之一片　王平陵　蔣啓藩合譯　學燈十二年二月七日至十日

曼殊斐兒　徐志摩　小說月報十四卷五號，十二年五月

夏芝評傳　西諦　小說月報十四卷十二號，十二年十二月

夏芝著作年表　G. M.　小說月報十四卷十二號，十二年十二月

夏芝和愛爾蘭的文藝復興運動　仲雲　學燈十二年十二月三日

安諾德論文學與考據　胡夢華　學燈十二年十二月二十五日

夏芝思想的一斑　王統照　晨報附鐫十三年一月一日

夏芝與愛爾蘭文藝復興的詩　和　晨報附鐫十三年一月一日

蕭伯訥的生而上學——劇本　江紹源　小說月報十五卷一號，十三年一月

夏芝的生平及其作品　王統照　東方雜誌二十一卷一號，十三年一月

內容：（1）緒言　（2）夏芝的身世　（3）偉大的詩人　（4）夏芝的戲劇與散文　（5）夏芝的特性與其思想的解剖

雪萊略傳　周一鶚　學燈十三年三月五日

英國詩人雪萊之道德觀　胡夢華　學燈十三年三月十二日至十三日

拜倫年譜　誦虞　小說月報十五卷四號，十三年四月（拜倫專號）

拜倫評傳　趙景深譯　小說月報十五卷四號　十三年四月

拜倫及其作品　希和　小說月報十五卷四號　十三年四月

拜倫的時代及拜倫的作品　湯澄波　小說月報十五卷四號　十三年四月

評拜倫　陳鑄譯　小說月報十五卷四號，十三年四月

勃蘭克斯的拜倫論　張聞天譯　小說月報十五卷四號，十三年四月

拜倫的思想及其詩歌的評論　王統照　小說月報十五卷四號，十三年四月

拜倫在詩壇上的位置　顧彭年譯　小說月報十五卷四號，十三年四月

拜倫的浪漫性　甘乃光　小說月報十五卷四號　十三年四月

拜倫對於俄國文學的影響　耿濟之　小說月報十五卷四號，十三年四月

介紹愛爾蘭詩人夏芝　愈之譯　東方雜誌二十一卷七號，十三年四月

雪萊詩中的雪萊　李任華　學燈十三年四月十日至十二日

拜倫百年紀念　雁冰　覺悟十三年四月二十日

擺倫傳略的片段　劉潤生　晨報附鐫十三年四月二十一日

擺倫　徐志摩　晨報附鐫（擺倫紀念號）十三年四月二十一日

泰因的擺倫論　誦虞譯　學燈十三年四月二十八日

擺倫在詩中的色覺　王統照　晨報附鐫十三年四月二十八日

擺崙在文學上之位置與其特点　葉維　晨報附鐫十三年五月十一日

再論拜倫詩並答甄道明君　焦尹孚　學燈十三年七月九日

康拉特評傳　樊仲雲　小說月報十五卷十號，十三年十月

擺倫底百年紀念　瑞士Edmond Prioat著　後覺譯　晨報六週增刊十三年十二月一日

密爾敦二十五年紀念　梁指南　學燈十三年十二月二十二日

再說一說曼殊斐兒　徐志摩　小說月報十六卷三號，十四年三月

白郎寧的異域鄉思與英詩　朱湘　京報副刊十四年三月十一日

新格評傳　鮑文蔚　京報副刊十四年四月十五日

拜倫在文壇上之位置及其詩歌底評論　憶明譯　學燈十四年八月十一日

貨真價實的高斯華綏　張嘉鑄　晨報副刊十五年七月二十二日

頂天立地的貝萊勳爵　張嘉鑄　晨報副刊十五年七月二十九日

萊因哈特　張鳴琦　世界日報副刊之一，十六年一月十日

沙翁傳記及其作品紀要　汝覺　世界日報週刊之一，十六年一月十七日

詩人雪萊　張一之　世界日報副刊十六年九月二十四，二十八日

紀念哈特　許君遠　晨報副刊十七年二月一日至三日

紀念湯姆斯哈提　王森然　世界日報週刊之一，十七年一月十八日

哈代評傳　大公報文學副刊十七年二月二日

羅色蒂誕生百年紀念　大公報文學副刊十七年五十四日

Lord Byron　英 Edmund Gosse 作　韋叢蕪譯　新晨報副刊十七年八月五日，八日

Shelley雪萊　Edmnd Gosse 作　韋叢蕪譯　新晨報副刊十七年八月二十，二十一日

Moore 摩爾　韋叢蕪譯　Edmund Gosse 作　新晨報副刊十七年八月二十二日

渥茲渥斯與珂萊銳吉　英 Edmund Gosse 作　韋叢蕪譯　未名八，九合刊　新晨報副刊十七年八月二十四日

維廉哈茲利　Edmund Gosse 作　韋叢蕪譯　新晨報副刊十七年八月二十九日

戈斯密誕生二百年紀念　大公報文學副刊十七年十一月五日，十二日

彭衍誕生三百年紀念　大公報文學副刊十七年十一月二十六日

自然詩人華士華斯評傳　陳永森　河北民國日報副刊十八年四月十二，十四，十五日

哈代傳上卷　哈代夫人　大公報文學副刊十八年五月十三日，廿日

一個戲劇革命家——戈登克雷(Gordon Graig)　莫愁　世界日報週刊之六　十八年九月二十八日

辛辣的蕭伯納　秣陵生　大公報戲劇週刊十八年十月十八日

莎士比亞傳略　梁實秋　新月月刊一卷十一號

莎士比亞時代之英國與倫敦　梁實秋譯　新月月刊一卷九號

英國十九世紀四十年代的詩人　Edmund Gosse作　韋叢蕪譯　未名二卷三期

英國十九世紀初葉的小說家　Edmund Gosse作　韋叢蕪譯　未名二卷一期

拜倫的浪漫主義　華林　貢獻旬刊二卷八期　讀〔曼佛來特〕

拜倫的浪漫史　江嘉炎　眞美善二卷六號

惡魔派詩人擺倫評傳　小泉八雲講　陳中孚譯　國聞週報六卷四十七期

從海洋文學說到拜倫，海賊，及其他　閻析梧　南開週刊七，八期

珂克萊派與航特　韋叢蕪譯　未名一卷六期

Charles Lamb　張定璜　孔德月刊第二期

論迭更斯(Charles Dicken s)　德國梅林格原著　晝室譯　語絲五卷十四期

Bernard De Mandevlle（曼待微若）　小泉八雲講　侍桁譯　語絲五卷二期

William Beckford 威廉貝克佛德　小泉八雲講　侍桁譯　語絲五卷七期

Christopher Smart（斯瑪爾特）　小泉八雲講　侍桁譯　語絲五卷二十二期

英國花鳥作家W. H. Hudson　劉大杰　北新半月刊三卷九號

論雪萊　Rodert Lynd 著　梁遇春譯　北新半月刊三卷十一號至十四號

雪萊年譜　郭沫若　創造季刊一卷四號

勃萊克　邢鵬舉　新月月刊二卷八至十期

神秘詩人威廉波萊克　顏毓衡　南開大學週刊六十一期

三論勃萊克　博董　文學週刊六卷二十二期

關于勃萊克的研究書目 小說月報十八卷八號

一個神秘的詩人的百年祭 徐霞村 小說月報十八卷八號

駱駝草 祖正 語絲一四八期—一五三期（紀念英國神秘詩人白雷克）

英國詩人勃萊克百年紀念 趙景深 文學週報五卷—解釋叙事詩彭威廉

英國大詩人勃萊克百年紀念號 趙景深 北新半月刊二卷二號 小說月報十八卷八

詩人羅賽諦百年紀念 趙景深 小說月報十九卷五號

英國大詩人兼畫家羅色蒂 國聞週報六卷三十期

高士倭綏略傳 王統照 戲劇（民衆戲劇社）一卷一期

一個行乞的詩人——惠兒苔微士(WillDavies) 徐志摩 新月月刊一卷三號

新故的卡本特(Edward Carpemter) 秋原 北新半月刊三卷十五號

詩人榜思傳 Edmund Gosse 著 韋叢蕪譯 未名一卷十二期

Spenser 及其名詩 韋叢蕪 燕大月刊三卷三，四期

現代英國桂冠詩人——白理基士 費鑑照 新月月刊二卷十一期

資產階級底小丑——蕭伯納　德國魏特和格著　克興譯　創造月刊二卷三期

愛爾蘭戲劇家辛格　陳麹冰　秋野二卷二期

劇作家的耶支　周學普譯述　戲劇一卷六期

英國戲劇家瓊斯死了　西諦　文學週報八卷五號

今年逝世之世界兩大文學家　國聞週報五卷六期（轉載大公報文學副刊）（一）哈代（二）易班乃士

現代詩人　費鑑照　新月月刊一卷六號至七號（一）白魯克 Rubert Brook，（二）德拉梅爾 Walter De La More

曼殊斐兒　西瀅　新月月刊一卷四號

小說家哈代的八大著作　趙景深　北新半月刊二卷九號

哈代逝世以後　趙景深　文學週報六卷二號

逝了的哈代翁(Thomas Hardy)　宮島新三郎　當代第二編

安特盧亮評論哈代　林語堂　北新半月刊二卷九號

湯麥司哈代　New Republic　當代第二編

湯麥士哈代　徐志摩　新月月刊創刊號

韋爾斯之生平思想及其著作　勒德雷　民鐸雜誌十卷三號

## 六、法國文學家評傳

法蘭西二大文學評論家傳　顧穀成　清華學報二卷八期，六年六月
內容：(1)藹彌爾符該　(2)蟹來米特古盟

法比二大文豪之片影　陶履恭　新青年四卷五號，七年五月
內容：(1)比國梅特林克　(2)法國福祿特爾

巴比塞的小說「名譽十字架」　雁冰　解放與改造二卷十三號　九年七月

莫泊三文學上之地位略談　百里　改造三卷十二號　十年八月

居友傳略　華林　東方雜誌十八卷十五號

惡魔詩人波陀雷爾的百年祭　田漢　少年中國三卷四期，五期　十年十一月

得一九二一年諾貝爾獎金的文學安那都爾，佛朗西　愈之　東方雜誌十九卷一號　十一年一月

布蘭兌斯的法朗士論　陳小航譯　小說月報十三卷五號，十一年五月　附法朗士著作編目

法朗士傳　陳小航　小說月報十三卷五號，十一年五月

浪弗洛的生平及其著作　趙景深　黎明三號　十一年五月十日（未見原刊）

羅斯丹及其傑作「西蘭娜」　上沅　晨報附鐫十二年一月二十八日至三十一日

法國近代詩人馬格勒的詩兩首　敬恒　學燈十二年二月八日　中有馬氏生平及著作的概略

詩人微尼評傳　黃仲蘇　少年中國四卷一期，十二年三月

法國大戲劇家毛里哀評傳　張志超　文哲學報第三期十二年三月

法國批評家聖鉢夫畧傳與其學說　胡夢華　學燈十二年三月二十二日

詩人孟德斯鳩底週年祭　王獨清　學藝雜誌四卷十號，十二年四月

法蘭西十九世紀狄卡耽派先遠詩人波特萊爾　盧冀野　學燈十三年一月二十九日

莫泊三研究　謝位鼎　小說月報十五卷二號，十三年二月　內容：(1)他的生活，(2)他的作品，(3)他的小說論，(4)他的最後，

法國戰爭時的幾個文學家　王靖　小說月報十五卷號外(法國文學研究號)十三年四月　內容：(1)却爾斯，皮盖，(2)阿尼司，薛加利，(3)愛米兒，羅力，(4)巴比塞

羅曼，羅蘭傳　沈澤民　小說月報十五卷號外，十三年四月

佛羅貝爾(Elaubert)　雁冰　小說月報十五卷號外，十三年四月

文學批評家聖佩韋評傳　俊仁　小說月報十五卷號外，十三年四月

巴爾札克底作風 佩蘅 小說月報十五卷號外，十三年四月

波特來耳研究 聞天譯 小說月報十五卷號外，十三年四月

法郎士逝世了 雁冰 學燈十三年七月十三日

佛郎士 誦虞 東方雜誌二十一卷二十三號，十三年十二月

法朗士 曾仲鳴 晨報六週增刊十三年十二月一日

小仲馬 蓬心 京報副刊十三年十二月八日

小仲馬與馬利都比利昔斯 蓬心譯 京報副刊十三年十二月二十日
——即茶花女遺事的來歷——

詩人莫泊三 金滿成 晨報附鐫十四年三月二十一日至二十二日

囂俄的童年 李玄伯 猛進第七號，十四年四月

法國文學界對於巴蘭的評論 馮璘 吳山 小說月報十六卷五號，十四年五月

法國現代的批評家 季志仁 京報副刊十四年十一月十一日

法郎士先生的牙慧 志摩 晨報副刊十四年十二月三十日

茉莉哀與慳吝人 王瑞麟 世界日報週刊之一，十五年十一月二十二日

白璧德論班達與法國思想　素癡譯　大公報文學副刊十八年五月二十七日
班達自誓重印　大公報文學副刊十八年五月二十七日
關於毛里哀和他的傑作慳吝人　衍昌　世界日報週刊之六，十八年八月十七日
盧騷的思想和他的創作　郁達夫　北新半月刊二卷七號
福祿特爾逝世百五十年紀念　國聞週報五卷二十三期（轉載大公報文學副刊）
譚奈(Le Centenaire De Taine)的生日百年紀念　曾仲鳴　貢獻旬刊三卷二期
泰納重要著作梗概　陳鴻　小說月報十九卷四號
批評家泰納　陳鴻　小說月報十九卷四號
波德萊的戀愛觀　林文觀　亞波羅國立藝術學院半月刊第二期
波德萊（Charles Baudelaire）之悲劇　文錚　現代評論七卷一五九期
大仲馬（Alzender Dumas Pire)傳　小說林第五期，小仲馬附
法朗士之始末　李金髮　小說月報十七卷一號
法郎士的事情　N. C.　現代小說三卷一期

反抗的不朽作家　趙蔭棠譯　華嚴月刊第六期

法郎士的文評一斑　趙憩之　孤興第九期

法國文豪喬治顧岱林　病夫　眞美善四卷五號至五卷一號

美爾博（Octave Mirbeau）畧傳　曾仲鳴　貢獻旬刊三卷九期

保羅哇萊茘評傳　梁宗岱　小說月報二十卷一號

"Roman Rolland"　張定璜譯　莽原合訂本第一卷（下册）

羅曼羅蘭評傳　趙少侯　莽原合訂本一卷（上册）

羅曼羅蘭傳略　馬宗融　小說月報十七卷六號

羅蘭的眞勇主義　魯迅　莽原一卷上册

音樂方面的羅曼羅蘭　張若谷　小說月報十七卷六號

駱駝草　祖正　語絲一四一期（莫泊桑的作風與態度）

駱駝草　祖正　語絲一四五期（莫泊桑的病與死）

喬琪桑之生平　孫席珍　北新半月刊二卷十九號

法國詩人杭沙　曾仲鳴　學藝七卷五號

夏多布里昂（Chateanbriand）的浪漫主義　華林　貢獻旬刊三卷二期

亞達麗的葬儀　曾仲鳴　貢獻旬刊一卷四期（法，浪漫主義）

法國浪漫運動的女先驅　盧白　眞美善三卷四號

法國的女詩人與散文家　斐曼德著　張若谷譯　眞美善二卷四至五號

法國的女詩家狄希洛（Madame Dufrenoy）夫人　曾仲鳴　貢獻旬刊一卷三期

法國浪漫文學運動中的女英雄　覺非述　貢獻旬刊二卷六期

## 七、德國文學家評傳

德意志大詩家許雷傳略　章錫祥　清華學報二卷六期六年四月

歌德詩中所表現的思想　田漢　少年中國一卷九期九年三月

十九世紀末德國文壇代表者　陳嘏　東方雜誌十七卷十五至十六號，九年八月，內容：（1）茲德曼（2）鄒卜特曼

哥德與Faust　盧冀野　學生雜誌八卷十一號，十年十一月

教育童話家格林弟兄傳略　趙景深　晨報附鐫十一年五月二十六日

霍普德曼的自然主義作品　希眞　小說月報十三卷六號，十一年六月

霍普德曼的象徵主義作品　希眞　小說月報十三卷六號，十一年六月

霍普德曼傳　希眞　小說月報十三卷六號，十一年六月

華林納評傳　馥泉　覺悟十一年六月二十二日

革命德意志三詩人及劇作家　靉靉　東方雜誌十九卷二十號，十一年十月

歌德和希來兒略述　服膺　學生雜誌十一卷五號，十三年五月

現代德奧文學者略傳　沈雁冰　小說月報十六卷一號至七號，十四年一月至七月

內容：（1）霍普德曼，（2）蘇德曼，（3）法蘭生，（4）維也貝，（5）湯麥士漫。

哥德小傳　陳樹聲譯　晨報附鐫十四年二月五日至十六日

葛德略傳　楊丙辰　猛進七期，十四年四月

蘭與之藝術的批評　黃仲蘇　晨報副刊十四年八月十日，

布朗得（The Brontes）姊妹　Edmund Gosse著　韋叢蕪譯　新晨報副刊十七年八月二十三日

De Quivcey（湯馬斯得，凱塞）　Edmund Gosse著　韋叢蕪譯　新晨報副刊十七年八月二十六日

蘇德曼評傳　毅永　大公報文學副刊十五年一月十四日

雷興誕生二百年紀念　大公報文學副刊十八年一月二十八日

弗列得力希雷格爾逝世百年紀念　大公報文學副刊十八年四月八日，二十二日
學衡六十七期曾轉載

葛德和德國的文學　楊丙辰　猛進十四至十七期

釋勒略傳　楊丙辰　猛進第四十四期

亨利海納評傳　楊丙辰　莽原一卷上冊

蘇德曼逝世　趙景深　文學週報八卷五號

## 八、意大利文學家評傳

意大利現代第一文學家鄧南遮　雁冰　東方雜誌十七卷十九號，九年十月。

但底六百年紀念　記者等　東方雜誌十八卷十五號，十年八月
內容：（1）祝但底去世六百年紀念，——記者，（2）但底詩八
及其詩——愈之，（3）但底的政治理想——化魯，（4）但底神曲的梗概——
惟志

意大利著名小說家衛爾笳的死　化魯　東方雜誌十九卷五號，十一年三月

倍那文德的作風　沈雁冰　小說月報十四卷二號，十二年二月

我對於意大利詩人斐德拉爾加紀念的感懷　民鐸雜誌五卷三號，十三年五月

丹農雪烏的作品　徐志摩　晨報附鐫十四年五月十五日

丹農雪烏的小說　徐志摩　晨報附鐫十四年七月四日

但因誕生百年紀念　大公報文學副刊十七年四月三十日

得諾貝爾獎金的戴麗黛　趙景深　文學週報第五卷

## 九、美國文學家評傳

現代美國九大文學家述略　畢樹棠　學生雜誌十一卷十一號，十三年十一月
內容：(1)魯濱孫(詩人)，(2)費洛斯特(詩人)，(3)羅薇兒(詩人)，(4)馬士德(詩人兼戲曲家)，(5)孫達伯(詩人)，(6)華登夫人(小說家)，(7)達欽頓(小說家兼戲曲家)，(8)客伯爾(小說家)，(9)杜萊塞(小說家)。

美國著名女詩人羅艾爾逝世　聞一多　京報副刊十四年七月一日(並有插圖)

The Tungle及其作者　徐霞村　世界日報副刊十五年八月二十九至三十日(辛克萊)

黑奴籲天錄的作者——斯士活夫人評傳　蹇先艾　晨報副刊十七年一月十日至十八日

薛爾曼評傳　大公報文學副刊十八年十二月二十三日

美國劇人兀妻爾自傳 陳大悲 戲劇（新中華戲劇社）二卷二號

沃尼爾 張嘉鑄 新月月刊一 一號

劇作家友琴，沃尼爾 査士驥譯 新月月刊三卷八號

薛爾曼現代文學論序 彊青譯 國聞週報三卷四十二期，四十三期

## 十、西班牙文學家評傳

西班牙現代小說家巴洛伽 沈雁冰 小說月報十四卷五號，十二年五月

兩個西班牙文人 雁冰 學燈十二年六月（未見原文）

西班牙守文德的「唐克孝傳」 陸祖鼎 學燈十三年六月六日

西班牙劇壇的將星 魯迅譯 小說月報十六卷一號，十四年一月
內容：(1)羅曼底，(2)西班牙劇，(3)培那文德，
(4)戲曲二篇

西萬提司評傳 傅東華 小說月報十六卷一號，十四年一月

易班乃士評傳 大公報文學副刊十七年二月十三日

加斯蒂遼尼（Count Baldassare Castiglione）逝世四百年紀念 大公報文學副刊十八年九月二日至九

月三十日

## 十一、波蘭文學家評傳

Blasco Ibanez 死了　啓三　北新半月刊二卷九號

波蘭的偉大農民小說家萊芒忒　雁冰　學燈十四年一月五日

再談談波蘭小說家萊芒忒的作品　化魯　學燈十四年一月十二日

萊芒特　畢樹棠　晨報附鐫十四年三月十六日，十七日

波蘭小說家雷芒德　樊仲雲　東方雜誌二十二卷八號，十四年四月

## 十二、荷蘭文學家評傳

詩人梅德林　易家鉞　少年中國一卷十期；九年四月

梅德林克的「青鳥」及其他　滕若渠　戲劇一卷二期，十年

梅德林克評傳　孔常　東方雜誌十八卷三號，十年二月

荷蘭之戲劇家　畢樹棠譯　晨報附鐫十一年九月二十三至二十六日

梅特林的戲劇　黃仲蘇　創造週報三十五至三十六號，十二年十二月

## 十三、挪威文學家評傳

文豪意普森傳　太玄　學生雜誌五卷一號，六年十二月

易卜生主義　胡適　新青年四卷六號，七年六月

易卜生（Henrik Ibsen）傳　袁振英　新青年四卷六號（易卜生號），七年六月

腦威現存文學家鮑也爾的生平　惟志　東方雜誌十八卷二十四號，十年十二月
內容：（1）浪漫的出身，（2）韓生的影響，（3）近作〔神與女〕，（4）著作的三期

包以爾著作中的人物　沈澤民譯　小說月報十三卷四號，十一年四月

包以爾的人生觀　沈雁冰　小說月報十三卷四號，十一年四月

包以爾傳　沈澤民譯　小說月報十三卷四號，十一年四月

諾威文豪葛波的生平及其著作　畢樹棠　晨報附鐫十三年十二月二十一日至二十六日

藝術家之易卜生　焦菊隱　京報附設之第六種週刊　十四年七月十八日

藝術家之易卜生　焦菊隱譯　晨報副刊十六年二月十六至十七日

易卜生　張皇　世界日報週刊之一，十六年十一月十三日至十四日

論易卜生　焦菊隱　晨報 刊十七年三月二十日至二十八日

易卜生誕生百年紀念期　大公報文學副刊十七年三月二十六日，國聞週報二卷十二

翁德塞女士　大公報文學副刊十七年十二月三十一日

易卜生的女性主義　袁振英　泰東月刊二卷三期

易卜生的藝術　余上沅　新月月刊一卷三號

伊卜生的思想　張嘉鑄　新月月刊一卷三號

Henrik Ibsen　梅川　奔流一卷三期

Henrik Ibsen　林語堂譯　奔流一卷三期

伊孛生論　郁達夫譯　奔流一卷三期

伊孛生的工作態度　魯迅譯　奔流一卷三期

易卜生的故事　L. Aas　當代第三編

伊孛生的事蹟　梅川譯　奔流一卷三期

烏達爾（Sigrid Undset　梅川譯 L. Aas著　語絲五卷九期

安達西　趙景深譯　北新半月刊三卷十九號

挪威女作家安達西　趙景深　文學週報八卷二號

## 十四、丹麥文學家評傳

安徒生　趙景深　京報附設之第六種週刊十四年八月二十九日

安徒生的研究　姜公偉　京報附設之第六種週刊十四年八月二十九日

安徒生評傳　丹麥Hjalmar Hjarth Boyesen著　張友松譯　小說月報十六卷八號

安徒生年譜　顧均正　徐調孚　小說月報十六卷九號

安徒生傳　顧均正　小說月報十六卷八號

安徒生的童年　焦菊隱譯　小說月報十六卷九號

安徒生及其生產地奧頓瑟丹麥　C.M.R. Peterseu著　後覺譯　小說月報十六卷九號

我作童話的來源和經過　安徒生著　趙景深譯　小說月報十六卷八號

安徒生童話的來源和系統　安徒生著　張友松譯　小說月報十六卷九號

安徒生童話的藝術　丹麥勃蘭特著　趙景深譯　小說月報十六卷九號

安徒生的作品及關於安徒生的參攷書籍　西諦　小說月報十六卷八號

## 十五、其他各國文學家評傳及合傳

近代戲劇家傳　雁冰　學生雜誌六卷七號，八號　八年十月

內容：(1)勃爾生，(2)斯脫林褒格(瑞典人)，(3)高爾該(俄)，(4)乞戈夫(俄)，(5)勃格(法)，(6)唐南(法)，(7)海爾文(法)，(8)白利歐(法)，(9)羅斯丹(法)，(10)麥脫林克(比)，(11)齊亞可薩(意)，(12)唐南翟歐(意)，(13)衣九如來(西班牙)，(14)蘇特曼(德人)，(15)威特更(奥人)，(16)哈特曼(德人)，(17)斯乞勒(奥人)，(18)房霍夫曼薩(奥人)，(19)品南羅(英人)，(20)挨夫瓊思(英人)，(21)拜爾格(英人)，(22)漢更(英人)，(23)張白士(英人)，(24)加爾思胡善，(25)沙勃，(26)伊利沙白拜格(英人)，(27)夏脫(英人)，(28)賽音齊(英人)，(29)托木斯(美人)，(30)費趣(美人)，(31)英德(美人)，(32)麥揩伊(美人)。

近代法比六大詩家　吳弱男　少年中國一卷九期　九年三月

南非女文學家須林娜　愈之　東方雜誌十八卷六號　十年三月

內容：(1)女權運動的前驅　(2)婦女勞動的要求　(3)沙漠間的三個夢　(4)復林娜的新理想

俄法兩大文豪的百年紀念　記者等　東方雜誌十八卷二十三號　十年十二月

內容：(1)俄法兩大寫實小說家……記者　(2)陀斯妥以夫斯基的一生……愈之　(3)福羅貝爾小傳……王敦常　(4)福羅貝爾的藝術觀……冠生

瑞典現代大詩人赫滕斯頓 沈澤民 小說月報十三卷三號 十一年二月

黑種文學家馬蘭及其著作 愈之 東方雜誌十九卷五號 十一年三月

過去二十二戲劇名家及代表傑作 上沅 長報附鐫十一年十月九日至三十一日

內容：（1）愛斯吉勒士與亞格門濃 （2）沙福克利與依底潑斯王 （3）歐里比底與密底亞 （4）亞里士多芬與羣蛙 （5）卜洛特士與囚犯 （6）推蘭希斯與寄生者 （7）盧十特維加與賽費勒的明星 （8）沙士比亞與漢姆列 （9）卡德蘭與人生一夢 （10）龔兒納與細德 （11）莫利哀與達替夫 （12）芮西尼與費德爾 （13）布馬歇與塞費勒的理髮匠 （14）蕭俄與赫南尼 （15）阿西爾與巴里爾的女婿 （16）小仲馬與外層社會 （17）哥敦尼與客棧的女掌櫃 （18）雷與與明納 （19）戈得與戈斯 （20）奚富爾與威廉太爾 （21）賀爾堡格與孟唐納斯 （22）伊卜生與傀儡之家庭

南斯拉夫的近代文學 佩韋譯 小說月報十四卷四號 十二年四月

兩個詩人 馬靜沉譯 覺悟十二年十二月六日

荷馬——文學大綱第二章—— 鄭振鐸 小說月報十五卷一號 十三年一月

現代世界文學者略傳 沈雁冰 鄭振鐸 小說月報十五卷一至四號 十三年一月至四月

內容：A.法國人：（1）法朗士，（2）拉夫丹，（3）白利歐，（4）伯桑，（5）克羅但爾，（6）波兒席，（7）葉尼譪，（8）雪里芳，（9）梅列兒，（10）福爾，（11）夏姆，（12）巴蘭，（13）羅曼羅蘭，（14）巴比塞，（15）杜哈默兒，（16）眘意斯，（17）瑪倫，（18）梅脫靈克。

B.猶太人：(1)賓斯奇，(2)海雪昇，(3)孝白林，(4)阿胥。C.匈牙利人：(1)莫爾奈，(2)海爾齊格。D.南斯拉夫人：(1)柯蘇爾，(2)科羅維支。E.波蘭人：(1)布什比綏夫斯基，(2)萊蒙脫，(3)推忒瑪耶爾。F.捷克斯拉夫人：(1)白士洛夫，(2)白息那，(3)斯拉梅，(4)烏哈，(5)齊拉散克，(6)沙伐，(7)卡萊爾捷貝克。G.烏拉圭人：(1)左列拉，馬丁，(2)潘列支，酛蒂忒，H.秘魯人：旭卡諾，I.墨西哥人：甘波　共四十人

**顯尼志勞的戲劇**　西瀅　太平洋四卷五號　十三年三月

**近二十年來的十大作品與十大作家**　誦虞　東方雜誌二十一卷十號　十三年五月
內容：(1)威爾斯的歷史大綱，(2)伊本納茲的默示錄的四騎士，(3)胡欽孫的倘若冬天到了，(4)薄克的愛德華薄克的美國化，(5)巴丕尼的耶穌傳，(6)邱吉爾的危機，(7)歐亨利的短篇小說集，(8)威斯特的(9)韓特列克的，酛奇的生平及書牘，(10)魯濱孫的創造中的心。

**幾位無名作家的作品**　顧仲起　學燈十四年一月十日至十六日

**現代歐美戲劇作家評傳**　錢滄碩譯　學燈十四年八月五日至八日

**瑞典詩人葛斐德**　畢樹棠　晨報附鐫十四年九月二十九日

**世界上最老的女詩人**　季志仁　京報副刊十四年十一月十四日——捷克之Eliska Krar'ohorska

**荷馬**　王文元　世界日報副刊十五年八月二十六日至二十七日

**幾個苦命詩人底軼事** 朵眞譯 世界日報週刊之五，十五年十一月五日

**西塞羅的文學批評** 梁實秋 晨報副刊十六年二月二十六日 東南論衡一卷二十八期

**愛倫凱逝世的一週年** 彼孿 世界日報週刊之二，十六年六月七日

**J. M. Synge及其代表劇** 王瑞麟 世界日報週刊之一，十六年八月八日

**西洋文家記略** 宋毓修 北京益世報十七年六月二十九日，七月十四日

**六個小說家的側影** 英John Yolsworthy作 李霽野譯 新晨報副刊十七年八月十三至十九日

**荷馬之社會背景的探討** 伯納 大公報藝術週鐫十七年十二月二十一日至二十八日

**瑞典女作家拉加洛夫** 雍光譯 大公報文學副刊十八年二月四日

**正月文藝家生卒表** 西諦 小說月報十八卷一號，文學週報第四卷

**二月文藝家生卒表** 西諦 小說月報十八卷二號

**三月文藝家生卒表** 西諦 調孚 小說月報十八卷三號

**四月文藝家生卒表** 西諦 調孚 小說月報十八卷四號

**五月文藝家生卒表** 西諦 調孚 小說月報十八卷五號

六月文藝家生卒表　西諦　調孚　小說月報十八卷六號

七月文藝家生卒表　西諦　小說月報十八卷七號

八月文藝家生卒表　西諦　調孚　小說月報十八卷八號

九月文藝家生卒表　西諦　調孚　小說月報十八卷九號

十月文藝家生卒表　西諦　調孚　小說月報十八卷十號

十一月文藝家生卒表　西諦　調孚　小說月報十八卷十一號

十二月文藝家生卒表　西諦　調孚　小說月報十八卷十二號

一九二八年西洋文學名人紀念彙編　學衡六十五期，轉載大公報文學副刊。

希臘三大悲劇作家的研究　華林一　民鐸雜誌七卷三號

猶太文學與考白林　海鏡譯　小說月報十六卷十二號

幾位當代的詩人　伊人譯　河北民國日報副刊十八年五月十九日

英法兩大文學家誕生百年紀念　大公報文學副刊，國聞週報五卷十九期轉載

拉綺洛孚七十歲紀念　趙景深　小說月報二十卷三號

幾本小說的幾個作者　林漢達　北新半月刊三卷四號

帕拉瑪茲評傳　沈餘　小說月報十九卷六號

阿河的藝術　德菲力克斯，渠本白耳格著　郁達夫譯　奔流二卷五號

# 附錄一　文學教學法

## 一、中等文學教學法

### I. 敎材

對於選擇中學以上國文敎材之商榷　晨報副刊十七年五月二十五日，三十一日　主剛
人話文與鬼話文　劉大白　文學週報八卷二十二號
國文科正名私義　錢基博　敎育與人生二十五期
中等學校與白話文　洪北平　敎育雜誌十二卷二號
編輯中學敎科書的先決問題　惲代英　中華敎育界十卷第三期
中等學校的國文科要根本改造　黎錦熙　國語月刊一卷二期
我之國語敎育觀　張一麐　新敎育一卷五期
在北京高師國文部演說詞　蔡子民　敎育叢刊一卷一集

中學教授文法議　基博　民權素十七集

初中混合文典之編制與效能　何仲英　新教育十卷三期

國語文底教材與小說　何仲英　教育雜誌十二卷十一號

中學校教授文學史之商榷　錢基博　教育雜誌九卷二號

課程論　余家菊　中華教育界十四卷九期

新學制課程標準綱要　商務印書館出版

新制中學國文科課程標準綱要問題　穆濟波　中華教育界十三卷八期

對於普通中學國文課程與教材的建議　周予同　教育雜誌十四卷一號

中學國文課程標準的商榷　汪震　教育叢刊四卷六集

中學國語課程的討論　朱經農　新聞報教育特刊

學校文題之討論　錢基博　教育雜誌七卷七號

中學國文叙例　唐大圓　華國月刊三卷四號

編纂中等學校國文科公用教本之意見　錢穆　新教育十卷三期

一個月國文教材的計劃及教學生經過的實況　張岸勤　中華教育界十三卷十二期

初級中學國文科課程說明　張[illegible]　教育叢刊三卷二集

評初中國語課程綱要　林軼西　學燈六卷四冊

關於初中國語教科書的陳述　葉紹鈞　教育與人生二十九期

國文教科書之批評及其改良方法　繆文功　中華教育界四卷六期

改訂初中國文科教材的途徑和方法　毛禮銳　中華教育界十六卷九期

初中國文教材評議　孟憲承　教育與人生二十八期

評初中國語教科書　何仲英　學燈七卷五冊

初中課程的討論　朱經農　教育雜誌十六卷五號

評高級中學公共必修的國語課程綱要　潘文安　學燈六卷八冊

國文教授中之讀古書問題　張東蓀　教育雜誌十五卷二號

高中讀書問題　何仲英　教育與人生十二八期

初中國文科讀書問題之研究　林軼西　教育雜誌十六卷六號

中等學生文學常識書目　趙景深　學生雜誌十四卷十一號

中學國文自修書輯要　沈恩孚　中華書局出版

中學國文自修書的商榷　陳獎勳　中等教育一卷四期

大學入學試驗國文題私議　何仲英　中華教育界十六卷五期

## 2. 教學法

關於中學國文上的一篇怪論　汪震　益世報人間評論十八年六月二十一日，二十八日

王森然著中學國文教學概要序　梁啓超　世界日報附刊(駱駝)十六年十二月十九日

國語教學組會議紀錄　中華教育改進社　新教育七卷二十三期

國文教學法大綱及其重要任務　張聖瑜　中等教育二卷五期

國語科初步教學的兩個要點　張席豐　教育叢刊四卷二集

我對於國文一名詞的意見　吳佩崑　中等教育二卷五期(中學國文教學研究專號)

演講式與啟發式之在中學國文教授　禤參化　革新一卷二期

國文科試行道爾頓制的說明　沈仲九　教育雜誌十四卷十一期

中學國文科實施道爾頓制研究　穆濟波　中華教育界十五卷五期
道爾頓制實驗班國文科比較教學的報告　穆濟波　中華教育界十二卷十三期
測驗與中學校　廖世承　中等教育第二期
中小學默讀測驗編造程序　陳鶴琴　教育雜誌十六卷五期
國文測驗報告　周葆儒　洪北平等　中等教育二期
朗讀測驗與默讀測驗報告　陳啓天　中華教育界十二卷二期
中等學生國語國文學習法　何仲英　學生雜誌十卷六號
中學生學習國文問題　陳燮勛　新教育十卷二期
修學指導　鄭宗海　商務印書館出版
中學國文修學指導　蕭楚女　中等教育二卷五期
修改我的國語文讀法的意見　錢紹曾　教育叢刊三卷一集
國文教學與實用　周廷珍　中等教育二卷五期
中學的國文教學　胡適　新教育五卷三期　教育叢刊一卷二集　胡適文存第一集

中等學校國文教授革新談　楊樹達　湖南教育月刊一卷一號

改進國文教學的先決問題　陳燮勛　中等教育二卷五期

中學校國文教學問題　穆濟波　中等教育二卷五期

科學的國文教授法　部爽秋　教育雜誌十四卷八號

中學校國文教授之我見　常乃悳　中等教育二卷一期

中學國文科教授之商榷　夏宇衆　教育叢刊一卷一集至三集

中等學校國文教授私議　沈昌直　中華教育界四卷九期

中學國文教學之商榷　高鴻文　學生雜誌十三卷二號

中等學校國文教授之討論　錢穆　教育雜誌十二卷六號

國文教授祛蔽篇　呂思勉　新教育十卷三期

中學國文教授的一個問題　沈仲九　教育雜誌十六卷五號

我對於中等學校國文教學一點很平常的供獻　歐濟甫　中等教育二卷五期

爲中小學校國文教授之商榷　冷香　中華教育界六卷四期

對於國文之研究　稼畦　中華教育界四卷四期　（教授方面）

中等男女學生之讀書能力　彌參化　革新一卷四期

國語教授的實況　朱仲琴　新教育三卷一期

余之國文教授談　李肖聃　湖南教育月刊一卷二號

章厥生先生國文教授雜記　孫光策　教育叢刊一卷一集

幾星期的國文教授　鍾伯良　中華教育界十二卷九期

南高附中國文實施概況　陳夔勛　中等教育二卷一期

國文教學法與東大附中國文　陳夔勛　中等教育二卷五期

初中國文之教學　孟憲承　新教育九卷十二期，教育與人生曾轉載

初級中學國語文教學研究　穆濟波　中等教育二卷五期

初中的國文教學問題　何仲英　學燈六卷五冊

初級中學國文教學大綱的說明　孫俍工　中等教育二卷五期

初中讀書教學法之客觀研究　孟憲承　新教育十卷三期

對於高中國文教學的一個建議　穆濟波　教育與人生二十八期

我對於高級中學教學國文的幾個意見　陳燮勛　中等教育二卷五期

論高中文科讀文教學　阮眞　中華教育界十五卷六期

高中純文學教學之商榷　李冰若　教育與人生二十八期

高中國文教學的一個實例　穆濟波　中華教育界十四卷九期

高中國文教學中的幾種科學方法　穆濟波　中華教育界十三卷十一期

舊制師範中底國文教學問題　晉青　中華教育界十二卷五期

師範學校前三年國文教學的研究　張審　新教育十卷三期

農村師範學校國文教學的經驗　徐益棠　中華教育界十六卷二期

謹告讀者　楊效春　中等教育二卷五期

與友人論中學校教授國文書　酉晦　進步二十二期

對於中學國文歷史地理教授之主張　王引才　中華教育界十二卷十二期

中學以上作文教學法　梁啓超　改造四卷九號

國語的作文教學法　黎錦熙　教育雜誌十六卷一號

談談作文時選詞的方法　徐則敏　學生雜誌十五卷九號

我底批改國語作文底方法　杜同力　國語月刊二卷二期，三期

國語詞教學法　何仲英　教育雜誌十六卷一號

應用文之教授　劉半農　新青年四卷二號

曾文正公家訓中之國文學習法　曼因　學生雜誌十二卷十二號

自動主義之國文讀法預習復習表　黃子紱　中華教育界六卷五期

讀國文的方法　黃樂三　文社月刊二卷二册

中學生研究國文之方法　陳柱　學衡十七期

中學生適用之文學研究法　傅屯艮　民國日報國學彙編第一集

我學國文的經驗　豈明　孔德月刊第一期

學文淺說　劉春堂　中華教育界九卷一期

## 二、初等文學教學法

## I. 教材

國文科教授細目　北京高師附小　中華教育界二年十月號

選擇童話的標準　王國祥　京報附設第四週刊，十四年七月二日，十一月二十六日

小學課程概論　程湘帆　商務印書館出版

小學教師的國語參攷書　何仲英　教育雜誌十六卷十號

小學國語科的十個重要問題　沈百英　新教育十卷三期

新制小學中應否教學文言文問題　劉孟晉　中華教育界十二卷十期

小學校應否教學文言文之分析的研究　劉孟晉　中華教育界十六卷九期

小學校用白話文的研究　黃炎培　新教育二卷一期

改良現在小學國文教科書的商榷　唐鉞　教育彙刊第二集（南京高師教育研究會）

國民學校國語教科問題　沈頤　中華教育界九卷二期，三期

小學教材之研究與批評　王卓然　學燈六卷九冊

小學國語文學讀本之研究　李步青　中華教育界十五卷三期

小學校初年級讀法教科書急應改革的問題　俞子夷　新教育四卷三期，五期

爲編輯小學國文讀本者進一忠告　王惕非　中華教育界十二卷九期

神話教材問題　周邦道記　教育彙刊第一集

對於神話教材之懷疑　郘爽秋　中華教育界十卷七期（小學）

小學作文教授之研究　程贈廬　中華教育界四卷一期

正書小字量表　俞子夷　商務印書館出版

硒誨堂隨筆　硒誨　進步第二册　初等國文課本之兩方面，教育之精神，中西古教育家言之同符普通文學之程度，文學之程度，文學與時勢

國語問題討論集　中華書局出版

2. 敎學法

國語講壇　黎錦熙　中華書局出版

揚子江下游的國語敎育　方毅　新教育九卷一，二期

國語科敎學幾個實際問題　趙欲仁　中華教育界十六卷十一期至十二期

小學低年級國語敎學的四個步驟　張錫昌　中華教育界十七卷三期

國民學校國文教授之新研究　李步青　中華教育界五卷二期

教授小學國文之研究　趙亮伯　中華教育界五卷七期，八期

教授小學國文之商榷　張九如　中華教育界七卷五期

教學兒童文學的研究　樓雲林　中華教育界十七卷五期

兒童文藝教學法　張九如　教育雜誌十六卷二號

小學國語教學法的將來　范祥善　新教育十卷三期

小學國語教學法概要　吳研因　教育雜誌十六卷一號

前期小學國語教學法概要　李曉農　新教育十卷一期

國語文誦讀法答案的修正案　張席豐　教育叢刊三卷一集

低年級讀法教學　錢希乃　應懷訓　中華教育界十五卷四期

國語文誦讀法的管見　蘇耀祖　教育叢刊三卷一集

小學讀文教學法述要　趙宗預　新教育十卷三期

小學校國文讀法之研究　李廷翰　中華教育界四卷八期

小學高年級讀法敎學的實際問題　石民傭　中華敎育界十六卷八期

幼稚園裏的幾種讀法敎學法　張宗麟　中華敎育界十六卷三期

文藝表演敎學法　沈炳魁　敎育雜誌十六卷一號

口語作法的敎學　西瓦　中華敎育界十六卷九期

小學校讀綴聯絡的敎學　朱麟　中華敎育界十二卷二期

小學課外作文指導書　石民傭　中華敎育界十五卷十期

兒童作文錯誤的研究　徐子長　中華敎育界十七卷四期

兒童綴法的補救　樓雲林　中華敎育界十六卷十一期

小學畢業生的綴法一年不如一年嗎？　俞子夷　中華敎育界十六卷十一期

說話訓練　葉紹鈞　敎育雜誌十六卷六號

小學默讀測驗　中華敎育改進社　商務印書館出版

一種國文測驗：詞句重組　陳鶴琴　新敎育四卷五期

初小默讀測驗　中華敎育改進社　商務印書館出版

小學默字測驗　中華教育改進社　商務印書館出版

道爾頓制與小學國語教法　舒新城　教育雜誌十六卷一號

高級小學國語科採用道爾頓制的理由和辦法　楊逸軍　中華教育界十二卷十一期

小學國語科實施道爾頓制的批評　馬客談　中華教育界十五卷五期

# 附錄二　文學書目

近代名戲百種目　宋春舫　新青年五卷四號，七年十月　共十三國，五十八個作家

文學研究會叢書目錄　東方雜誌十八卷十一號，十年六月　共八十餘種

西洋文學精要書目　吳宓　學衡六，七期，十一年六月

關於詩經研究的書籍介紹　鄭振鐸　小說月報十四卷三號，十二年三月

研究太戈爾最需要的兩本書　王統照　晨報副刊十二年十月二十一日

西洋文學入門必讀書目　吳宓　學衡二十二期，十二年十月，共十五類，六十種

最近文藝出版物編目　薄梢　星海十三年八月　內容：所列文藝出版物至一九二三年末日止。種類分：(1)創作，(2)翻譯，(3)其他，(4)月刊，(5)季刊，(6)不定期刊物。

中國修辭學書目　薄成名　國學叢刊二卷三期，十四年。內容：(1)詩類，(2)騷賦類，(3)詞曲類，(4)駢文類，(5)散文類

泉州舊存小說版刻目錄　玉諾　學燈十四年五月二十五日

關於「革命文學」的文獻　知白　大公報文學副刊十八年三月四日至十八日

國學入門書目及其讀法　梁啓超　清華週刊二八一期

一個最低限度的國學書目　胡適　努力週報讀書雜誌第七期

要籍解題及其讀法　梁啓超　清華週刊(有單行本)

國學用書撰要　李笠　東方雜誌二十一卷十九號

中國文學研究的重要書籍介紹　予汝　小說月報十五卷一號

中學國文書目　章炳麟　華國月刊二期二册

古今論文名著撰目錄　劉永濟　此文附於〔文學論〕之後，選歷代論文學之名著四十一篇，以補前論之不足。

近代語文學書目提要並考評　黎錦熙　文學叢刊第一期

民間文藝書籍的調查　胡寄塵　小說世界十六卷十期

丁未年小說界發行書目調查表　覺我　小說林第九册

蒙古車王府曲本鈔本目錄　民俗四十五期

日本內閣藏小說戲曲書目　董康　國學一卷四期

本學門所藏清代昇平署劇本目錄　北京大學研究所國學門週刊十一期

關於小說目錄兩件　魯迅　語絲一四六期，一四七期

近代劇研究參攷書　周學普　戲劇（民衆……）一卷六期

林琴南未刊譯本之調查　胡寄塵　小說世界十三卷五期

王靜安先生著述目錄　趙萬里　國學論叢一卷三號

俄國文學漢譯編目　趙景深　眞美善二卷六號

漢譯托爾斯泰著作目錄　趙景深　文學週報七卷八期，九期

新興藝術論的文献　日本藏原惟人著　不文譯　語絲五卷十五期

日本馬克思主義藝術理論書籍　乃超　文藝講座第一冊

馬克思主義藝術理論的文献　乃超　文藝講座第一冊

# 附錄三　文學書籍介紹

意大利大歌劇的新著　化魯　東方雜誌十八卷二十四號，十年十二月

內容：（1）小馬拉的內容，（2）革命時的描寫，（3）馬司幹奚的一生，（4）戰後的文藝產物。

關於陀思妥夫斯基的英文書　東方雜誌十三卷一號，十一年一月

千呼萬喚「戲劇」今日出版了　陳大悲　晨報副刊十一年二月十五日

歡迎兩個創作的劇本　陳大悲　晨報副刊十一年二月二十四日

一首絕妙的强修行　章洪熙　晨報副刊十一年五月二十五日

介紹平內羅及其名著「湯格雷的後妻」　陳大悲　晨報副刊十一年七月一日至二日

介紹都德的小物件　思夢　覺悟十一年十二月十七日

威爾士的「新烏托邦」　化魯　東方雜誌二十卷十二號，十二年六月

介紹「文學評論之原理」　劉文翮　文哲學報第三期，十二年三月

中國文學概論介紹　汪馥泉　覺悟十二年七月三十一日

介紹「文學大綱」　菊農　晨報副刊十二年八月一日

關於俄國文學研究的重要書籍介紹　西諦　小說月報十四卷八號，十二年八月

太戈爾的重要著作介紹　徐調孚　小說月報十四卷九號，十二年九月

關於太戈爾研究的四部書　西諦　小說月報十四卷九號，十二年九月

The yellow Book 及其他　郁達夫　創造週報二十號至二十一號，十二年九月　按 Yellow Book 是一種文藝季刊，一八九四年的春天由 London 的 John Lane 書店出版

介紹新英譯的神曲　王統照　晨報副刊十二年十月一日

介紹 L. Lemisohn 近代批評雜話　王統照　晨報副刊十二年十一月十一日

泰戈爾的近作　何道生譯　學燈十二年十月二十五日

介紹姜夔的昔游詩　潘植　學燈十二年十二月六日

澹歸及其作品的介紹　彭善彰　學燈十三年三月十八日，十九日

關於拜倫的重要著作介紹　薄楫　小說月報十五卷四號，十三年四月

介紹英國的紅樓夢——「棄兒」 華林 學燈十三年五月二十四至二十八日

威爾士的新著「夢」 均正 學燈十三年六月二十三日

介紹一部講革命故事的書 化魯 學燈十三年七月七日 按即景梅九著的罪案

文學書介紹 C.F.誌 晨報副刊十三年七月十一日

介紹抒情詩集「愛的果」 谷源 學燈十三年九月五日

讀法蘭西氏的小說達旖絲 江紹源 語絲第七期十三年十二月二十九日

各國「文學史」介紹 鄭振鐸 小說月報十六卷一號，十四年一月

關於「歐洲文學入門」的通信 鄭振鐸 曹詠 學燈十四年一月五日

介紹「中國文詞學研究」 學燈十四年四月十三日 按「中國文詞學研究」是施魯畸所著。

「世界底文學」 劉眞如 鑑賞週刊十一期，十四年八月

敘拳亂的兩部傳奇 西諦 文學週報一八五期，十四年八月 兩部傳奇：（1）林琴南的蜀鵑啼，（2）陳季衡的武陵春

介紹「中國劇之組織」 爛葡萄館主 世界日報十七年八月十三日副刊

介紹與批評 王光祈等 一般二卷二號

近代名著百種述略　馬宗融　小說月報十八卷三號，六號，　號，　二號

現代文藝名著介紹　現代小說三卷一期

世界童話名著介紹　顧均正　小說月報十七卷二號

即興詩人　顧均正　小說月報第六卷九號

介紹東西小說發達史　景深　文學週報八卷七號

介紹歧路燈　郭紹虞　文學週報五卷

辛克來的傑作——「林莽」　起應　北新半月刊三卷三號

註：「林莽」(The Jungle)中文有易坎人譯本。坎人譯的書作居易，上海南强書店出版。

易卜生的「伯闌」　一非　貢獻旬刊三卷五期

白雪遺音選　西諦　一般二卷二號

介紹一部六十多年前的風俗書　鍾敬文　民俗四期(杭俗遺風)

英美小說雜誌的一瞥　程小青　小說世界十六卷二，三期

一部英國文選　予棨　語絲三十六期

**文法的趣味** 周作人 語絲二十五期 中有介紹斯密士的英國語言

**蘇俄的文學雜誌** 蒙生 小說月報二十卷十號

**俄羅斯文學便覽** Meissage J. Olgin 著 何畏譯 創造季刊一卷四期

附錄三　文學書籍介紹

三〇六

# 附錄四

## 文學家介紹

二十世紀法國文壇之新鬼 冠生 東方雜誌十七卷二十二號，九年十一月

得諾貝爾獎金的兩個文學家 愈之 東方雜誌十八卷三號，十年二月
內容：(1)街車夫的文學家，(2)餓人的著者，(3)寂寞的詩人，(4)空前的叙事詩

文明的曙光南非女文學家須林娜的遺著 愈之 東方雜誌十八卷十號，十年五月
內容：(1)平和之福音，(2)良心反對戰爭者的自白，(3)幼年的感想，(4)總有這時候和這地方罷？

現代英國詩壇的二老 化魯 東方雜誌十八卷十四號十年七月
內容：(1)自然派的詩人哈提，(2)沉痛陰鬱的詩風，(3)桂冠詩人勃列琪，(4)彌爾頓的研究者

愛爾蘭詩人A.E.訪問記 化魯 東方雜誌十九卷一號 十一年一月

二十年來之諾貝爾獎金題名 西西 學生雜誌九卷三號，十一年三月

王爾德介紹——介紹獄中記 聞天 馥泉 覺悟十一年四月三日

介紹一個不重要的詩人　德徵　覺悟十一月六月九日

介紹英國詩人格布生　陳衡哲　東方雜誌二十卷七號，十二年四月

演劇界巨星莎拉般哈德夫人　愈之　東方雜誌二十卷九號，十二年五月

詩人 white　野萍　覺悟十二年九月二十五日

介紹兩個新文學家——白樂天與顏習齋　吳睡日　學燈十二年九月二十六日

介紹一個革命的文學家歸莊　仰菴　學燈十二年十月六日　歸莊字玄恭，是歸震川的曾孫

詩畫家 D. G. Rossetti　滕固　創造週報二十九號，十二年十一月

得今年諾貝爾文學科獎金者(夏芝)　雲月　東方雜誌二十卷二十二號，十二年十一月

得一九二三年諾貝爾獎金者　西諦　學燈十二年十一月十九日

今年紀念的幾個文學家　佩韋　小說月報十二卷十二號，十二年十二月

內容：(1)英利二兒，(2)雪萊，(3)霍夫曼，(4)格利古洛維夫，(5)大襲古兒，(6)安諾爾特。

介紹俄國小說家鐸司托夫司基　K　學燈十三年三月六日

法國文藝家錄　明心　小說月報十五卷號外，十三年四月　共文藝家三百餘人

蘇維埃俄羅斯的革命詩人　玄珠　學燈十三年七月十四日

新近去世的海洋文學家　誦虞　學燈十三年八月十一日

本年諾貝爾文學獎金的得者——波蘭的萊芒脫　季　小說月報十五卷十二號，十三年十二月

默想的拉馬丁林　金滿成　長報副刊十四年三月七至九日

介紹維得高斯基——文學批評家　畢樹棠　京報副刊十四年三月二十三日

李恩澤與葉愛蘿　祖正　語絲二十七期，十四年五月（1）介紹英國詩人箕茨，（2）他的作品

美國著名女詩人羅艾爾逝世　聞一多　京報副刊十四年七月一日

介紹女詩人麥克考　徐維　京報附設之第六種週刊十四年八月八日

批評家勃蘭兌斯　焦菊隱　世界日報週刊之五，十六年五月二十七日

文壇上的怪傑——唐南遮　朱紀榮　長報副刊十七年五月二十八，三十一日

介紹拉夫丹　菊子　大公報藝術週刊十七年十二月二十一日

介紹歐尼爾及其著作　胡逸雲　世界日報週刊之六，十八年八月二十四日

介紹「梅脫林克」　紹忱　世界日報週刊之六，十八年九月七日

世界得諾貝爾文學獎金的三位女文學家　示章　婦女雜誌十五卷十一號

新得諾貝爾獎金的意大利女作家黛利達　哲　東方雜誌二十五卷三號

介紹女詩人薛濤　姜華　眞善美三卷三號

幾個民間詩人　胡寄塵　小說世界十三卷十五期，十四卷十四期

日本無產文壇零話　蕭崇素　北新半月刊三卷二十二號

介紹新俄無產階級的兩個偉大作家　病夫　盧白　眞美善四卷一號

介紹蘇俄詩人葉賽寧　孫衣我　文學週報第五卷

文豪紀念錄　記者　學燈十二月十一日

# 附錄五

## 文壇消息

小說新潮宣言 記者 小說月報十一卷一號，九年一月

俄羅斯文藝家錄 明心 小說月報十三卷號外，十年九月

英國詩壇大事表 陸侃如 學藝三卷九號，十一年四月

四十年來之英國詩壇 傅東華 晨報副刊十一年五月三日至十三日

二十世紀中國文壇之半打新鬼 甘蟄仙 晨報副刊十一年五月十九至二十四日

戰後文藝新潮 希眞等 小說月報十三卷八號至十一號，十一年八月

內容：八號：(1)新德國文學……希眞譯；(2)新俄藝術的趨勢……澤民譯；九號：(1)法蘭西文學的新趨勢……濟微譯；(2)不規則的詩派……馥泉；十號：(1)未來派文學的趨勢……雁冰；(2)現在捷克文學概略……佩韋；十一號：(1)歐戰給與匈牙利文學的影響……元枚譯；(2)腦威現代文學……佩韋譯；(3)赤俄的詩壇……玄瑛譯

牛津的詩壇 P.Y.譯 晨報副刊十年八月三十至三十一日

歐戰後文藝新潮　洪舟等　小說月報十三卷十二號，十一年十二月
內容：（1）歐戰與意大利文學……洪舟；（2）新德文學的傾向……元譯；（3）巴西文壇最近的新趨勢……佩韋譯；（4）保加利亞裏的鄉村生活……方易譯

波斯文壇近訊　志仁譯　晨報副刊十二年八月一日

天津的文學界　趙景深　學燈十三年三月十七日至四月二十一日

寗波的文學界　張天一　學燈十三年五月二十六日

杭州的文學界　鳳雲　學燈十三年五月五日

最近倫敦文壇瑣語　陟岡　晨報副刊十四年二月九日

法國最近文壇　金滿成　京報副刊十四年一月十九日，晨報副刊十四年二月十五日

託爾斯泰的事情　開明　語絲第十四期，十四年二月十六日

文藝瞭望臺　沈鴻　學燈十四年二月九日至三月十六日

今日中國的文壇　蔣鑑璋　晨報副刊十四年四月十日

評今日中國的文壇　丁潤石　晨報副刊十四年四月十四日

可悲的中國文學界　仲雲　文學週報第一七八期，十四年六月

歐洲最近劇壇的趨勢　張皇　世界日報週刊之一，十六年四月二十五日

半年來的中國文壇　明洲　世界日報附刊（星花），十六年七月十二日

中國文藝界的幾種怪現象　長曦　世界日報十八年十一月九日，十日

現代文壇消息雜話　趙景深　小說月報二十卷二號，三號，四號……。

現代文壇　現代小說三卷一期

最近的英國文壇　日本本間久雄著　查士驥譯　北新半月刊　三卷十一號

現代法國文壇的鳥瞰　李青崖　小說月報二十卷八號

最近的法國小說界　徐霞村　文學週報六卷二十期

一九二八年的日本文藝界　楊憂天　北新半月刊三卷五號

最近兩月的世界劇壇　春冰　戲劇第三期

海外文學者會見記　畫室譯　小說月報二十卷八號

一個廣告（世界少年文學叢刊）　調孚　文學週報第四卷

中華民國二十一年一月初版

定價大洋一元六角

版權所有

翻印必究

中華圖書館協會叢書

第五種

文學論文索引

編輯者 陳璧如 張陳卿 李維垿

出版者 中華圖書館協會

總發行 國立北平圖書館 北平文津街一號

代售處 國內外各大書坊

# 中華圖書館協會叢書

## 第一種　老子考　已出版

王重民著。王君潛攻圖書目錄之學，積十餘月之力而輯成是書。全書分七卷，附以老子譯書畧目，道德經碑幢略目等六種。所參考史志及補史志，與夫官私家藏書志等，百數十種，著錄中外學者關於老子之著述五百餘家。又博訪當代藏書家，於現存各書之下，著明板本。且於清代樸學大師，如王昶侯康丁國鈞諸家說，頗有商榷。雖復起諸大師而質之，或亦有不能不首肯之處。定價一元六角。

## 第二種　國學論文索引　已出版

君欲流覽近三十年來關於國學之論文乎？君亦曾思近三十年國學論文之繁富重要而不可不一流覽乎？君亦思一欲流覽近三十年之國學論文之茫無適從乎？君若購得國學論文索引一編，則散在數萬冊雜誌內之三千餘篇國學論文，可因性質以求類，因類以求篇，因篇以求雜誌之卷數號數，因卷數號數以求之雜誌，無不得也。無此書以前，數萬册之雜誌，幾成廢物；自有此書以後，持此鑰匙，則數萬册之雜誌，人人可得利用也。此書搜羅關於國學之雜誌八十二種，得論文三千餘篇，亦云富矣。定價大洋一元。

第三種 日本訪書志補 已出版

楊守敬撰，王重民輯。楊氏觀海堂書，十之九得自日本，多奇册祕笈，曾輯刻題跋爲日本訪書志十六卷。楊氏歸道山，藏書爲政府所收買，輾轉儲於大高殿之故宮博物院圖書館。王君重民會司整理之役，從原書錄得未刻題跋三十餘篇，嗣益以隨時所得，共四十六篇，彙爲一卷。內多重要文字，欲窺楊氏全豹者，不可不備。定價三角。

第四種 國學論文索引續編 已出版

索引是治學問最需要的一種工具書，是一般研究學問的人所必需的工具。而現在國內關於索引的著作，除了本書的正編和教育論文索引以外，却實在不大多見，大凡看過正編的人，沒有不感覺到翻檢便利，時間經濟的罷？所以爲滿足讀者需要起見。在最近期間國學論文索引續編又出版了，倘若諸君是已經買過正編，而欲知道最近二三年來國學界產品，想拿一把鑰匙，打開最近二三年國學界園囿之門，這部續編是需要而不可少的了！定價八角。

第六種 **國學論文索引三編** 編輯中

第七種 **文學論文索引續編** 編輯中

以上兩種，正在編輯中，約民國二十一年十二月可以各成一册，付印。國學索引三編是繼續國學索引續編的，文學索引續編是繼續文學論文索引的。

# 勘誤表

| 頁 | 行 | 字 | 誤 | 正 |
|---|---|---|---|---|
| 一 | 九 | 二 | 巳 | 己 |
| 二 | 八行下小字二行 | 八 | 著 | 諸 |
| 三 | 九 | 二七 | 日 | 月 |
| 六 | 二 | 十三 | 週 | 日 |
| 六 | 二 | 十五 | ○ | 副 |
| 六 | 三 | 十九下 | ○○ | 副刋 |
| 九 | 二 | 十下 | 刋月 | 月刋 |
| 九 | 十 | 十四 | 澤 | 譯 |
| 十 | 一 | 十二 | 葬 | 莽 |
| 十三 | 十二 | 九 | 城 | 成 |

| | | | | |
|---|---|---|---|---|
| 十五 | 九 | 十一下 | ○ | 學 |
| 二二 | 八 | 七 | 秦 | 泰 |
| 二二 | 十二 | 小字 | 莾 | 莽 |
| 二四 | 八 | 四下 | ○ | 列 |
| 二五 | 七 | 八 | 內 | 錢 |
| 二五 | 七 | 小字二行 | 錢 | 內 |
| 二八 | 四 | 十一 | 月 | 日 |
| 二八 | 六 | 八 | 撥 | 仿 |
| 三二 | 一 | 十一 | 互 | 亙 |
| 三七 | 十一 | 十六 | ○ | 半 |
| 四〇 | 四 | 十九 | 大 | （應删） |
| 四七 | 二 | 十八 | 刋 | 報 |

勘誤表　三

| | | | | |
|---|---|---|---|---|
| 四七 | 五 | 八 | 待 | 侍 |
| 四八 | 八 | 十四 | 週 | 副 |
| 五二 | 三 | 一 | ○ | 文 |
| 五五 | 三 | 小字二行 | ○ | （應删） |
| 五七 | 三 | 小字一行 | 梓 | 粹 |
| 五七 | 六 | 八 | 梓 | 粹 |
| 五七 | 六 | 二四 | 捘 | 按 |
| 五八 | 十三 | 小字二行 | 容 | 内 |
| 六一 | 二 | 七 | 建 | 健 |
| 六一 | 十 | 七 | 梓 | 粹 |
| 六五 | 十 | 九下 | ○ | 學 |
| 七一 | 五 | 五 | 居 | 君 |

| 七八 | 九 | 十一 | 盠 | 蠡 |
| --- | --- | --- | --- | --- |
| 八四 | 十三 | 二二 | ○ | 月 |
| 八七 | 八 | 小字 | Caloertom | Calverton |
| 九二 | 書脊 | 十四 | ○ | 學 |
| 九二 | 十三 | 小字四行 | 象衔主義 | 象徵主義 |
| 九二 | 十三 | 小字四行 | 神密主義 | 神秘主義 |
| 九三 | 九 | 二 | 士 | 土 |
| 一〇〇 | 七 | 二 | 蒼 | 滄 |
| 一〇一 | 七 | 六 | 子 | 于 |
| 一〇二 | 二 | 十六 | 刋 | 原 |
| 一一一 | 十二 | 六七兩字 | 地產 | 產地 |
| 一一三 | 九 | 十三 | 謠 | 歌 |

勘誤表 五

| 頁 | 行 | 字 | 誤 | 正 |
|---|---|---|---|---|
| 一三四 | 一 | 十三 | 〇 | 東 |
| 一三五 | 四 | 小字二行八字 | 〇 | 始 |
| 一四八 | 一 | 四 | 交 | 文 |
| 一五一 | 一 | 二 | 愼 | 情 |
| 一五一 | 十三 | 一—二 | 代近 | 近代 |
| 一五五 | 八 | 六 | 輿 | 與 |
| 一五七 | 十二 | 五 | 陶 | 別 |
| 一五八 | 六 | 五 | 奉 | 作 |
| 一六一 | 四 | 十 | 問 | 間 |
| 一六三 | 八 | 三 | 〇 | 與 |
| 一六六 | 十三 | 一 | 祈 | 新 |
| 一七二 | 八 | 三 | 跋 | 跋 |